医師が教える最強のメンズ美容ハック

レジーナクリニック総院長
木村真聡

幻冬舎

医師が教える最強のメンズ美容ハック

はじめに

男性が美容に気を遣うなんて、と10年以上前に美容医療の世界に飛び込むまでは私自身も思っていました。しかし、患者さんに美容医療を行う立場である以上は、自分自身をきれいに見せないと説得力がないと考え、まずヒゲ脱毛から始めることにしました。

私はもう10年近くヒゲを剃っていませんし、家にはヒゲ剃りすらありませんが、当時のことを今でもよく覚えています。脱毛が完了することにより、まずヒゲのある生活がなんだったのかと思うくらい朝の仕度が楽になりました。なにより自分の肌がツルッとしたことが触ってよくわかるため、ポジティブな気分になれました。

そこからさまざまな美容治療・スキンケア・頭皮ケア・ボディケアを自分で実践し、今にいたります。流行《はや》り廃りもありましたし、劇的に効果があるものもあれば、残念ながら効果がないものまでいろいろありました。そんな中でひとつ確実に言えるのは、肌や頭皮の調子が整っていたり、目標とする体型を維持できていたりすると、毎日がとても楽しいということです。

そうこうしているうちに時が流れ、男性も美容に気を遣うのが当たり前という風潮になってきたと今では感じています。実際に私が総院長を務める男性専用の脱毛クリニックには、２０２１年の５月に開院してからたくさんの患者さんにお越しいただいています。ただ、男性に対する美容情報は、まだまだ不足しているのも事実。ネットにはたくさんの情報が溢れていますが、かえってどれが正解なのかよくわからないという方もおられるでしょう。そういう方たちのために、自分自身の経験と医学の知識に基づいて本書を製作しました。

この書籍が、男性たちにとっても美容が毎日をポジティブに過ごす一助となれば幸いです。

目次

第3章 毛深さの罪

第4章

若々しさは髪に出る

第5章

ニオイの元を科学する

第 **1** 章

筋肉の前に清潔感を磨け

仕事で成功したい、好感度を上げたい、モテたい……。そんな望みを叶える第一歩が、清潔感を磨くことです。今のようなジェンダーレスの時代には強さや逞しさより、人としての魅力にフォーカスすることが重要。そして趣味嗜好に左右されず、誰からも好意を持たれるのが清潔感のある人です。「清潔」と「清潔感」には違いがあります。毎日シャワーを浴びていても、年齢を重ねるうちに肌が、体毛が、ニオイが変化し、清潔感は失われていくもの。それを引き寄せる有効な手段が「美容」です。人生をプラスに動かすために、美容意識を更新して、爽やかなオーラを纏う男を目指しましょう。

年収と美容意識は比例する!?

「男は度胸、女は愛嬌」そんな言葉がアウトな時代です。それでも、「男の世界は実力勝負。とにかくスキルだけ磨けばいい」と思いますか？　確かに、あなたが常に一人で創作活動を行うフリーランスのクリエイターなら、それが当てはまるかもしれません。でも組織に所属したり、プロジェクトを動かすチームに参加したりする立場ならどうでしょうか。スキルと同じくらい**清潔感に溢れた爽やかさも大きな武器になる**と思いませんか？

これは顔の造形といったルックスの話ではありません。どんなに可愛い美少年も、思春期になればホルモンの影響で体毛が濃くなり、喉仏が太くなり、動物のようなニオイを発するようになります。さらに、皮脂分泌で肌がギトギト、ベタベタになり、消えてもまたできるニキビ。もっと年齢を重ねれば、毛穴が開き、頬が下がり、ブルドッグフェイスに。それを、「男だから」「年齢だから」と言い訳をして放置することは、人生のさまざまな部分でマイナスに働く可能性がある、ということなのです。

欧米では、年収が平均以上の男性は見た目にお金をかけています。日本はどうなのか。今回あらためて30～69歳の日本人男性348人に美容意識を調査したところ、年収800万円以上の男性たちの47％が「美容に興味がある」と回答。一方、年収400万円未満の男性たちの65％が「興味がない」と回答。また、「美容のためにやっていることがあるか？」の質問には、前者は45％が「ある」と答え、後者は約70％が「何もしていない」と回答しています。

アメリカのIT企業のトップを見ると、必ずしもオフィスでパリッとしたスーツを着ているわけでもないし、ワックスやジェルで固めないナチュラルな髪型だったりします。でも彼らは、肌やボディのメンテナンスに投資していて、だからこそ、ラフなヘアやTシャツにデニムでも、リッチでクリーンな空気が漂うのです。むしろそのジェンダーフリーで威圧感のないスタイルが、これからの時代をリードするエリートのメインストリームなのかもしれません。

気分も印象もプラスに変える美容メンテナンス

美容のためにやっていることがある、と答えた年収の高い男性たちに、美容に気を遣うようになってからの変化を聞くと、65％の人が「自分自身の気持ちも周囲からの態度も変わった」と回答。さらに、その変化の内容は、「ビジネスにいい影響があった」が約40％、「プライベートでいい影響があった」が約62％、ほか、「前向きになった」「若返った」「自信がついた」が続きます。

生まれ持ったルックスやスタイルにかかわらず、手をかけた分、しっかり結果が現れるのが美容。ある意味、筋トレと似ています。10代までは先天的な素質でリードができても、**20代以降の若々しさは、美容的メンテナンスをしている人とそうでない人で大きく変わってくるのです**。アイドルやモデルのような職業でない限り、整った目鼻立ちだけで仕事が成功したり、人間関係がうまくいったりすることはありませんが、

30代、40代で若々しく爽やかな好印象を漂わせることができれば、営業や円滑なコミュニケーションに役立つことは容易に想像できます。むしろ、十人並みのルックスだからこそ、美容的メンテナンスという後天的な努力で巻き返すことができるのです。それは、うさぎとカメのレースのように。

もちろん美容に気を遣うと言っても、その範囲は広く、洗顔を丁寧にする、というベーシックなことから、ボディの保湿をする、全身脱毛、匂いケア、育毛、メイクアップまで、多種多様です。ただ、女性のように積極的に美容トークをしないだけで、密かにケアをしている男性は意外に多いのではないでしょうか。もし、いつも肌がツルツルで、いい匂いがして、ふさっと若々しい髪の仕事仲間が身近にいたら、ぜひ何をやっているか聞いてみてください。聞かれる側も悪い気はしないものですから。

令和時代に求められる男の清潔感

ミレニアル世代もバブルの恩恵を受けた世代も、子供の頃から、「男らしく」「男のくせに」と教育されてきた男性が多いのではないでしょうか。筋肉を鍛え、力を養い、声は大きく、細かいことは気にせず、常に強く堂々とした存在であるように、と。そんな古典的な男らしさに合わせようと、無理をしてきた人だっているかもしれません。でも時代は流れ、風向きは一変しました。ジェンダーフリーが叫ばれる時代に、見た目の強さや逞しさ、大きさだけをアピールすることは、歓迎されないのです。

実際に女性たちは、男性のどこをチェックし、男性に何を求めているのか。20〜30代の女性561人を対象に調査しました。「男性のどこに魅力を感じるか？」の回答は、**1位が「清潔感」**、2位が「優しさ」。「初対面の男性と会ったときにどこをチェックするるか？」の回答は、「清潔感」が圧倒的な1位です。その清潔感の象徴でもある肌に関して、「男性の肌トラブルが気になる」「とても気になる」と回答した女性は約52％と半数を超え、具体的にどんなトラブルが気になるかというと「ニキビ」「テカリ」「ベタつき」が上位に入り、「いちご鼻」「シミ」「毛穴」と続きます。逆に「肌がきれいな男性に好感を持つ」と答えた人は60％超えです。つるんとなめらかな肌に魅力を感じるのは、老若男女の本能的なもの。それは清潔・安心・安全を意味するからです。多くの男性がメイク美人よりすっぴん美人に惹かれますよね。その差はおそらく触れたくなるかどうか。同じように女性も男性に対してゴワゴワ、ガサガサ、ジョリジョリという感覚を想像してしまうと、防衛本能が働き、敬遠してしまうのです。それは顔でも、体でも同じこと。令和の時代にワイルドな魅力だけでは通用しないと心得ましょう。

清潔感は好感度に直結。成功と幸福を引き寄せる

目に見えないウイルスも気になる現代社会で、誰もが重視する「清潔感」。男にも女にも共通して好まれるのは、清潔感が漂う若々しい人です。**そしてその清潔感は、意識をすれば思った以上に簡単に短期間で手に入るもの。それが美容的メンテナンスです。**男性なら、まずは、洗顔、保湿、皮脂コントロールという「スキンケア」、ジョリジョリ、ゴワゴワのヒゲや体毛と決別しニオイも遠ざける「脱毛」、将来的な薄毛を先回りで予防する「頭皮ケア」です。これらは見た目の印象をわかりやすく変えると同時に、コンプレックスを解消し、自己肯定感が高まる、自分のためのケアでもあります。もちろん筋トレや摂生も大事ですが、じっくりとボディメイクする間に、肌や体毛にも同時にアプローチしていけば、モチベーションも上がるというもの。

10代、20代の男性にとって、美容的メンテナンスは当たり前のルーティンであり、

礼儀や公衆衛生の一部です。「俺はもう若くないからこのままでいい」と放置プレーをしていたら、あっという間に「汚いおじさん」として時代に取り残されてしまいます。過剰な「盛《も》り」ではなく、年齢とともに失われていく「清潔感」を高いレベルでキープするための美容は、自分にも周りにも圧倒的「快」で、好感度にも直結するのです。「いつまでもフレッシュで若々しい男性」でいられるか「汚いおじさん」になるのかは、先天的な素質ではなく、後天的な意識次第。清潔感にはスーツやヘアスタイルのような流行もありません。フレッシュな人の周りに人が集まり、ポジティブな循環が生まれ、愛まで呼び込みます。

清潔感を磨くためにお金をかけることは、ビジネスの成功と、プライベートの充実という公私の幸福度を高める、ハイリターンな自己投資なのです。

「自分には関係のないことだ」と思う前に、顔を洗う、髪を洗うことから、ちょっと意識を変えてみませんか。これまで美容に無頓着であった人ほど、変化も劇的なはずですから。

美容意識レベルＣＨＥＣＫ

３つ以上当てはまったら美容意識改革が必要！

□日焼けはウェルカム
□毎朝首までヒゲを剃る
□シャワー時間は５分以内
□夜ごはんは麺類、丼物が多い
□定期的に激しい減量をする
□ニキビは早めにつぶす
□顔をゴシゴシ洗う
□男らしい体毛が自慢
□皮脂が出るから保湿はなし
□お風呂上がりの髪はいつも自然乾燥

第2章

男こそ、肌で勝負

好印象の決め手となる清潔感。その清潔感の判断材料になるのが、「肌」です。そっと頬を触ってみてください。ベタベタ、ザラザラ、ゴワゴワしていませんか？　茶色くくすんでいたり、もったりたるんでいたりしていませんか？　たとえすべて当てはまっていても、大丈夫。その肌は、良くも悪くも意識とケア次第で激変します。そしてそれは思った以上に簡単です。洗顔方法を変える、保湿をする、という毎日のベーシックなスキンケアから、肌年齢を巻き戻す日進月歩の美容医療まで、年齢と肌状態に合わせて必要なものを見極めましょう。

その肌は、思った以上にチェックされている

たとえば女性の肌が荒れていたら、体調を心配したり、環境の変化を想像してしまったりするでしょう。同じように、男性の肌もかなり厳しくチェックされているものです。肌は内臓の鏡とも言われ、体のコンディションが反映されやすい部分。ニキビや吹き出物、ベタつきにテカリ、毛穴の目立ち、乾燥による粉ふきは、脂ぎった食事や睡眠不足、衛生的とは言えない環境など、乱れた生活をイメージさせてしまいます。極端に言えば、たとえ寝癖のついたくしゃくしゃヘアでも、ノーアイロンのシャツでも、ダメージデニムでも、つるんとなめらかな肌があれば、清潔感がにじみ出る爽やかな印象に。

肌以上に重要な要素もあるだろう、と思うなら、女性に人気の俳優やアーティスト、アイドルたちを観察してみてください。ファッションや髪型は好みが分かれ、筋肉

隆々ガッチリ体育会系からスリムな草食系と体型もさまざまですが、**肌がきれいである、という共通点があるのです**。ビシッと決まったヘアスタイルでモードなジャケットを羽織り、高級ブランドの時計を身につけていても、肌がベタベタ、ボコボコ、ザラザラでは、百年の恋も冷めてしまいます。トレンドが次々に移り変わり、昨日までお洒落だったものがあっという間に古臭く見えてしまう時代。ファッションの賞味期限は短いけれど、肌は取り替えられない一生もので、流行はありません。いくら投資しても無駄にはならないのです。

　赤ちゃんの清らかで柔らかそうな肌を見ると誰でも本能的に触りたくなりますよね。性別を問わず、人類で愛されるのは、思わず触れたくなるような肌。最近はメイクをする男性も増えてきていますが、メイクで隠すノウハウを持たない男性の場合は、素肌で勝負するしかありません。そして美容医療もスキンケアも進化した今は、情報さえ持っていれば誰もがそんな美肌を手に入れることが可能な時代なのです。

何十年と続けている洗顔も立派な美容

美容とは縁のない人生だったから肌を磨くなんてハードルが高い……、と頭を抱えていらっしゃる方もいるかもしれません。では質問です。小学生から今まで何十年と、朝も夜も顔を洗っている理由は何ですか？　洗顔をしなくても病気にはならないし、本能でもないですよね。それでも毎日顔を洗うのは、すっきりしたい、ベタつきを取りたい、ツルッと仕上げたい、と感じるからではないでしょうか。それは肌のメンテナンスであり、立派な美容です。そしてその洗顔をちょっと工夫するだけで、肌運命は大きく動き出すのです。

洗顔を変えると、肌運命が変わる

まずは、洗顔料の選び方。徹底的に取り去るだけの洗顔は10～20代前半まで。それ以降は、**必要な潤いを取りすぎない洗顔が基本です**。そして洗顔料は、直接肌にのせてから泡立てるのではなく、手に取り水を含ませてたっぷりふわふわの泡を作ってから肌にのせます。そうすることで、肌の汚れを擦って落とすのではなく、泡の力で汚れを吸着します。顔をゴシゴシ洗うことによって起こる摩擦は、小さな炎症として蓄積し、シミや色ムラ、肌老化の原因になりますが、手と顔の間に泡のクッションがあることで摩擦レス洗顔を実現。**泡立てが面倒な人は、泡立てネットや押すだけで泡が出てくるポンプタイプの洗顔料が便利です**。

そして、顔を洗うときにもちょっとの工夫を。顔の中には、皮膚の薄いところ、厚いところ、皮脂分泌の多い部分、乾燥しやすい部分が混在しています。その特徴に合

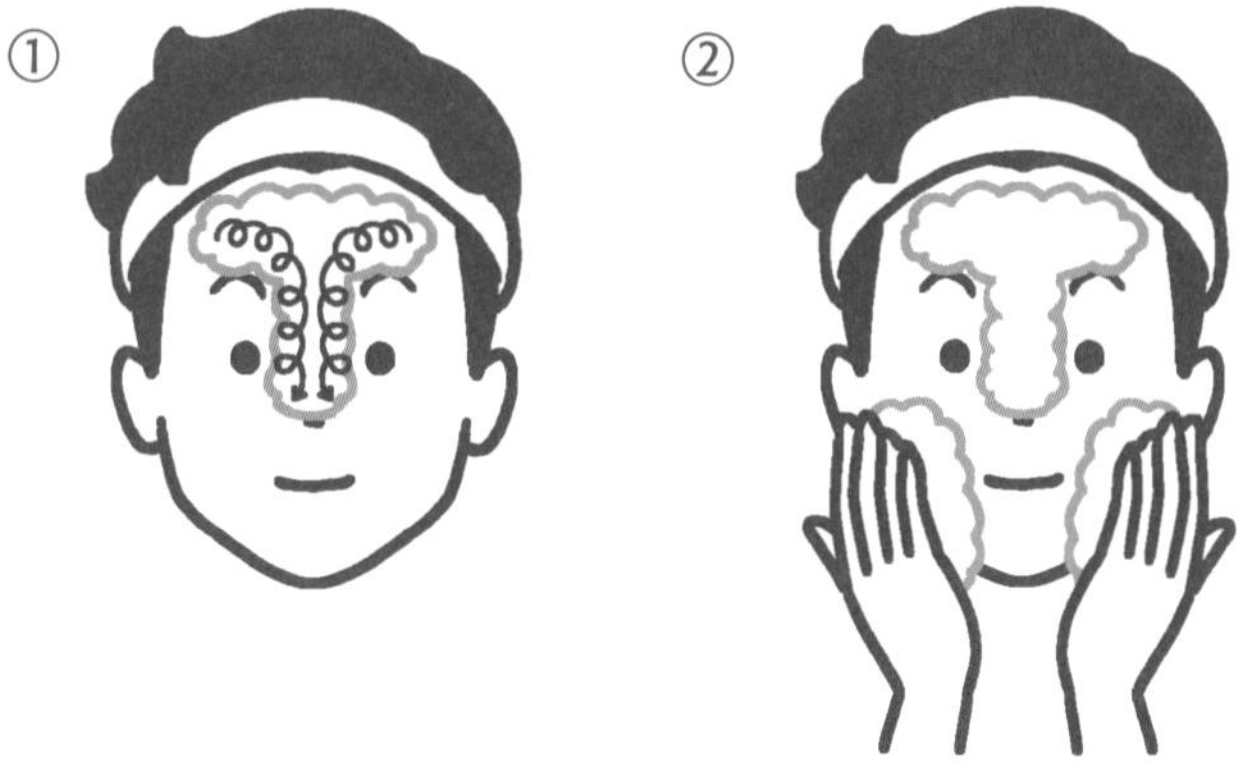

■摩擦レス洗顔の2ステップ

わせて、次のように洗う順番と洗い方を変えるというものです。

①額から鼻にかけてのTゾーンに泡をのせ、指の腹で優しく螺旋を描くようにくるくると洗う

②乾燥しやすい頬や目の周り、口周りをサッとひと撫でする

意外な盲点が、洗い出す際の水の温度。熱すぎるお湯は皮脂を取りすぎて肌を乾燥させ、逆に冷たすぎる水は皮脂や汚れを落としきれないので、肌のくすみや肌トラブルを招くリスクも。どちらも自分が心地よ

ければそれでも構いませんが、**ぬるま湯から人肌くらいの温度がベターです。**顔の中心だけでなく、髪の生え際やアゴ周りなどフェイスラインまでしっかりすすぎ、洗顔料が残っていないか、鏡で確認しましょう。すすぎ残しも肌荒れやニキビの原因になります。

　せっかく丁寧に洗っても仕上げにタオルでゴシゴシ拭いたらすべてが水の泡に。タオルは上下左右に動かさず、顔にぽんぽんと優しく押し当てて水分を取り去ることまでが洗顔の極意です。

摩擦レス洗顔で、肌荒れが減り、きめ細かい肌に

たかが洗顔、されど洗顔。騙されたと思って、たっぷりの泡で肌を包み込むだけの、擦らない洗顔を数日試してみてください。この美意識の高い女性たちも実践する朝晩の丁寧な摩擦レス洗顔によって肌のバリア機能が守られ、肌荒れや赤みが落ち着きます。また、乾燥が緩和され、キメが整うことで肌の質感が変わり、見た目もなめらかに。ただ洗顔の方法を変えるだけで、手間も時間もかかりません。面倒くさがりの男性がやりがちな、ゴシゴシ洗顔でマイナスの状態にすると、その後のリカバリーが大変になってしまうのです。令和の時代は、**力で汚れを落とすのではなく、泡でスマートに汚れを吸着する、**と肝に銘じてください。

洗顔で失われた水分・油分を速やかに補う

誰もが子供の頃からやっている洗顔。でも20代以降はそれだけでは不十分です。汚れと一緒に必要な潤いも洗い流してしまうので、洗顔後はできる限り速やかに化粧水で水分補給を。コットンは使わず、手のひらに化粧水を取り、肌を包み込んで押し込むように浸透させます。まずは乾きやすい頬と目の周りに、次に額、鼻、口周りを。**パチパチ叩いたり、ゴシゴシすり込んでいるなら、今すぐやめてください。**スパルタケアでは肌はきれいになりません。

そして与えた水分が蒸発しないように、美容液や乳液、クリームなどの油分で蓋をしたいもの。ベタつくのが嫌な人は頬や目の周りだけでもいいでしょう。たっぷりなじませても肌に浸透する量は決まっているので、分量の目安として1FTU（フィンガーチップユニット）を推奨しています。これは大人の人差し指の先から第一関節まで薬をのせたときの量を示しており、顔を保湿するなら十分な量です。もし、足りなければ重ねづけします。いつまでも肌表面にペタペタ感が残るなら塗りすぎなので、ティッシュを肌の上に押し当てて余分な油分を取り去りましょう。

　マストではありませんが、シワ、シミ、たるみを防ぐアンチエイジングを重視するなら、朝のスキンケアの仕上げには、日焼け止めも塗りたいものです。最近は薄膜で白浮きもなく、さっぱり感触のものも増えています。何品も重ねたくない、という人には、紫外線ブロックと保湿を兼ねた朝用ＵＶ乳液ケアや、オールインワンゲルがおすすめです。ＳＰＦ30（夏はＳＰＦ50）・ＰＡ＋＋＋くらいの数値を目安に選ぶといいでしょう。

アダルトニキビは、乾燥や刺激で悪化する

男性の肌トラブルでもっとも顕著なのがニキビです。過剰な皮脂分泌と、毛穴の出口の詰まりで、アクネ菌が増殖するとニキビの炎症を引き起こします。男性ホルモンは皮脂分泌のトリガーになるので、60歳を迎えて、男性ホルモンが減り始めるまで皮脂とは切っても切れない関係なのですが、皮脂が多い＝ニキビではありません。特に20代半ばからのアダルトニキビに対しては、皮脂を取る、毛穴の汚れを落とすことに必死になりすぎるのは逆効果です。摩擦や乾燥で肌が荒れ、ターンオーバー（肌の新陳代謝）が乱れると角質が硬くなり、毛穴の出口を塞いでしまうのでアクネ菌がすみやすい環境に。またニキビを気にするあまり触りすぎたり、汚れ吸着シートを多用して毛穴が炎症を起こしている人も一定数見られます。

ニキビのセルフコントロールで有効なのは、朝晩の洗顔で汚れを落とし、しっかり

保湿して角質を柔らかな状態にキープするスキンケアです。皮脂分泌が過剰なら、週に1～2回、ＡＨＡなどピーリング成分を配合したソープや洗顔料の使用がおすすめです。いずれもドラッグストアで手軽に購入できるアイテムで、毛穴の汚れや硬くなった古い角質を効率よく取り除けます。

また、油っぽい食事や糖質の摂りすぎ、皮脂分泌を過剰にする睡眠不足や過度なストレスなどもニキビを招く原因となります。生活習慣のポイントは、第6章でも解説しているので、参考にしてみてください。

凸凹のニキビ痕を残す前に、クリニックを受診

けれど、たとえそれなりに知識があったとしても、ニキビをセルフケアだけで抑え込むのは至難のワザ。そしてニキビができる↓つぶす↓再発する、という負のスパイラルを続けていると、クレーターのようなニキビ痕が残り、その凸凹はお金と時間をかけても改善が難しくなります。

スキンケアや食事、生活習慣を変えても効果が得られずニキビが繰り返しできるようであれば、早めに皮膚科や美容皮膚科を受診しましょう。クリニックなら、薬剤を使用して、古い角質を取り除くケミカルピーリング、顔の脱毛、高濃度ビタミンC点滴やビタミンA誘導体配合の外用薬、抗酸化サプリメント、最終兵器としてビタミンAの内服など、症状やライフスタイルに合わせて治療や処方の選択肢も豊富。ドクターに診察で、ニキビを引き起こしている原因もクリアになり、**セルフケアをだらだら**

続けるより、効率がよく、スピーディに結果を出せるはずです。歯が痛かったら歯医者に行くように、肌のトラブルがあれば皮膚を専門とするクリニックを訪ねるのはごく普通のこと。小さな悩みも、気軽に相談してください。

50代まで続く肌のベタつきには、拭き取りシートを活用

ニキビができるのも、せいぜい30代まで。40代以降はニキビに悩むこともなくなりますが、男性ホルモンがたっぷり分泌されている50代までは皮脂も過剰になりやすく、朝洗顔をしても、午後になるとベタつきやテカリが目立つケースも（ベタつくからと保湿を省くと、肌の油分バランスが崩れ余計にテカリやすくなることもあるので、朝の潤い補給は忘れずに）。

ギトギト肌は清潔感を遠ざけるだけでなく、皮脂の酸化による炎症やくすみも引き起こします。ランチタイムにサッと顔を洗ったり、拭き取りシートでベタついている部分を優しく拭き取ったりして、さっぱり仕上げたら保湿ミストをシュッとひと吹き。肌も気分もリフレッシュして〝夜まですっきり爽やかな男〟を印象づけましょう。

男の肌は女性以上にデリケート!?

肌においても、男は強く女は弱いものという固定観念は捨てたほうがいいでしょう。数年前から国内外の化粧品メーカーで男性用スキンケアの開発が進み、それと並行して男性の肌も研究され、さまざまな特徴が明らかになってきました。

たとえば、**30代以上の男性の顔の皮脂は女性の約2倍**で、女性は年齢とともに減っていくのに男性は60歳くらいまでほぼ横ばい。睡眠中も皮脂腺は休まず働き、**朝起きたばかりの男性の顔の皮脂量は、前夜の入浴後の約8倍**という事実も驚きです。また皮脂は多いのに、肌内部の水分量は女性より少なく、ベタついてテカるのに乾燥する、という複雑な状態だということも覚えておきましょう。誤解している人も多いのですが、皮脂＝潤いではありません。過剰な皮脂が紫外線や空気に触れて酸化すると、シミやニキビなどさまざまなトラブルを引き起こす可能性もあるので、放置は禁物です。

ほかに、30代の場合、**男性のほうが女性より肌のバリア機能が低い**、という事実も判明しました。これは、毎日のヒゲ剃りや日焼けが主な理由ですが、バリア機能が低下すれば、乾燥や刺激などの外的影響を受けやすく、デリケートになり、ターンオーバーも乱れさらにバリア機能が乱れる、という負のスパイラルに。また、男性は女性より抗酸化力が弱く、酸化ストレスの影響を受けやすいこと、男性ホルモンにより皮膚免疫機能が低下するというメカニズムも解明されたのです。

どの角度から見ても、男性の肌は女性よりも肌荒れや老化リスクが高く、むしろ女性以上にスキンケアが必要だということがわかります。美しくなるために、ではなく、健康な肌状態をキープし老化スピードを緩めるために、最低限の美容を習慣にしましょう。

日焼けはしてもシミは作るな！

太陽と仲の良さそうな浅黒い日焼け肌は、スポーツやアウトドアを好むライフスタイルをイメージさせ、健康的で精悍《せいかん》な印象を受けます。特に、一定の年齢以上であれば、青白い肌より小麦色の肌のほうがリッチな雰囲気を漂わせるかもしれません。ゴルフやマリンスポーツ、キャンプのときに、こまめにＵＶケアアイテムを塗り直すのはスマートではないし、ほどよい日焼けには外見的なメリットもあります。ただし、その結果できるシミはヘルシーでも勲章でもない、ということを覚えておきましょう。

アウトドアライフに限らず、私たちは誰しも、毎日紫外線を浴びています。朝の通勤、窓際のデスク、休日のリビング……。この紫外線が肌内部のメラノサイトという色素細胞を活性化し、メラニンが発生。若い頃はターンオーバーがスムーズなので、メラニンも代謝されていきますが、年齢を重ねてターンオーバーが遅くなると肌の中にメラニンが蓄積し、それが肌表面にシミとなって現れるのです。

シミは文字通り〝染み〟なので、どんなシミでどこにあろうと清潔感を損ない、見た目年齢も引き上げてしまいます。最初は小さい点のような色素沈着もやがて地図のように広がり、濃く大きく成長。もしやあなたのそのシミ、顔の中のアイコン的存在になっていませんか?

さて、世の中にはいくつものシミ対策があります。たとえば女性にはおなじみの美白化粧品。ビタミンC誘導体やコウジ酸、アルブチンなど美白有効成分でメラニンの生成を防ぐものです。でも、化粧品で今あるシミを消すのはかなり難しく、薄くするだけでも何ヶ月もかかってしまいます。皮膚科で外用薬や内服薬を処方してもらう方法もありますが、化粧品よりは効果が出やすいものの何度も通院しなければならず、忙しい人には不向きな治療といえるでしょう。

男性におすすめなのが、美容医療のレーザーです。シミの濃さや大きさによってQスイッチレーザーやピコレーザーを使い分けますが、施術時間はいずれも2~3分。治療は1~数回で完了し、かさぶたになって1週間程度でポロッと取れます。毎日日焼け止めを塗る習慣がなければ、数年後、また同じところにシミが再発することも多いのですが、できたらその都度レーザーを照射すればいいのです。1㎝以内であれば1万円程度で受けられますし、結果が早く出てコスパも優秀。迷う理由はありません。いつか、ではなく今すぐに。

本書をお買い上げいただき、誠にありがとうございました。
質問にお答えいただけたら幸いです。

◎ご購入いただいた本のタイトルをご記入ください。

『　　　　　　　　　　　　　　　　　　　　』

★著者へのメッセージ、または本書のご感想をお書きください。

●本書をお求めになった動機は？

①著者が好きだから　②タイトルにひかれて　③テーマにひかれて
④カバーにひかれて　⑤帯のコピーにひかれて　⑥新聞で見て
⑦インターネットで知って　⑧売れてるから／話題だから
⑨役に立ちそうだから

生年月日　西暦　　年　　月　　日（　　歳）男・女				
ご職業	①学生	②教員・研究職	③公務員	④農林漁業
	⑤専門・技術職	⑥自由業	⑦自営業	⑧会社役員
	⑨会社員	⑩専業主夫・主婦	⑪パート・アルバイト	
	⑫無職	⑬その他（　　　　　　　　）		

ご記入いただきました個人情報については、許可なく他の目的で使用することはありません。ご協力ありがとうございました。

郵 便 は が き

お手数ですが、
切手を
おはりください。

1 5 1 0 0 5 1

東京都渋谷区千駄ヶ谷 4-9-7

(株) 幻 冬 舎

書籍編集部宛

ご住所 〒 都・道 府・県	
	フリガナ お名前
メール	

インターネットでも回答を受け付けております
https://www.gentosha.co.jp/e/

裏面のご感想を広告等、書籍の PR に使わせていただく場合がございます。

幻冬舎より、著者に関する新しいお知らせ・小社および関連会社、広告主からのご案内を送付することがあります。不要の場合は右の欄にレ印をご記入ください。

不要 □

モテるシワ、老けるシワを見極めて消し去る

30代になればシワが現れるのはごく平均的なエイジングです。一番初めに気づくのは表情の動きが大きい目元。笑ったときに目尻にできるカラスの足跡のような小ジワです。これは放っておいてもいい〝モテるシワ〟。笑顔の多い人生を送っていそう、優しそう、というポジティブなイメージにつながり、好感度を上げてくれます。ただし、目の周りは皮膚が薄く皮脂腺も少ないので、保湿効果の高い美容液や目元用クリームなどをたっぷり塗る習慣をつけておきましょう。将来的なたるみの予防にも役立つはずです。

一方で神経質そう、不機嫌そう、疲れていそう、と思わせてしまうシワも。その代表が、眉間の縦ジワ。無意識に眉をひそめる、しかめっ面のクセがある人に多く見られます。そして、1本につき5歳は老けて見える額の深い横ジワも要注意。これは、

■左／モテるシワ、右／老けるシワ

目を開けるときにまぶたではなく額を動かして眉を上げる、リアクションの大きい人に見られる表情ジワです。ネガティブなイメージの眉間と額のシワは、初対面の印象を悪くしたり、近寄りづらい雰囲気でコミュニケーション不足を招いたりと、人間関係で損をする可能性もあるので、できる限り薄くしたいもの。シミ同様に、肌深部の真皮（皮膚の一番外側を表皮といい、その内側にある層のこと）からふっくらさせてシワを改善するスキンケア化粧品もあるのですが、これもまた時間のかかる作業です。ごく薄い初期のシワならまだしも、深く濃く刻まれたシワの場合、化粧品の作用より表情のクセのほうが強いので、せっかくケアしても1歩進んで2歩下がる状態に。

そんなマイナスのシワには、美容医療のボトックス注射が有効。ボトックス注射は、天然のタンパク質であるボツリヌス毒素を注入することで一時的に筋肉の収縮を抑え、筋肉の過緊張を改善する施術です。ハリウッド女優のように表情が動かない顔にするのではなく、軽いボトックスで筋肉をリラックスさせ、表情のクセで折り目がつかないように予防として打つのが最近のトレンドです。一瞬で終わる注入で、効果は半年程度持続するので、美容液を何本も使い続けるよりボトックス注射1回のほうが、コストパフォーマンス的にも優れています。ボトックス注射には、歯ぎしりや食いしばるクセを止める効果も。

同じシワでも、表情というより加齢による凹みで目立つほうれい線や目の下には、谷部分を膨らませるヒアルロン酸注入が用いられますが、これは顔が不自然に見えるリスクもあるので、男性の場合はシワを活かして渋さを魅力に変える方向でよいのではないでしょうか。

輪郭が四角くなる、ブルドッグたるみをリフトアップ

30代半ばあたりから、じわじわ忍び寄る顔のたるみ。頬の毛穴が目立つ、ほうれい線が長くなる、上まぶたが重くなる、はまだ序章。やがて、口角が下がり、フェイスラインがもたつき、下顔面に重心が集まるブルドッグフェイスに。たるみは、真皮の弾性線維の量と質が低下し、筋肉と脂肪が痩せ、そこに骨の萎縮も加わり、全体に緩んで下がってきた状態です。**人相が明らかな「おじさん」に変わります。**もちろん個人差がありますが、紫外線をたっぷり浴びてきた人は真皮のダメージが大きく、特に進行が速い傾向が。

原因が真皮や皮下組織にあるたるみは、スキンケアでの改善は不可能です。化粧品で皮膚にハリを与えることはできますが、下がったものをリフトアップすることは難しいでしょう。最近は、美容ローラーや表情筋エクササイズもありますが、それもリ

ンパが流れてむくみが取れたり血流が上がったりする程度の一時的なもの。

目に見えるリフトアップ効果を求めるなら美容医療一択でしょう。皮膚を切って縫い縮める外科的手術が一般的だったのは昭和まで。平成から令和はメスを使わない治療がメインストリームです。ヒアルロン酸注入や溶ける糸を注入して引き上げるスレッドリフトのほか、ゆるんでもたついた肌を引き締めて引き上げる本格的リフトアップ治療として注目を集めているのが、高密度焦点式超音波のウルセラリフトです。超音波を一点に収束させ肌深部の真皮、脂肪層、筋膜に確実に効率よく熱エネルギーを届けるというメカニズムで、ＦＤＡ（アメリカ食品医薬品局）に承認されている医療機器です。多少の熱感や痛みはあるものの、赤みやかさぶたなどのダウンタイムがなく、自然な仕上がりで周りの人に違和感を与えることもありません。1回全顔30～60分程度の治療で6ヶ月～1年と長期的に効果が持続し、忙しい男性にもおすすめ。

ただし、狙った層に届くように位置を調整しながら照射するのが難しく、深い層にある骨や浅すぎる層に当たってしまうと思うような結果も出ないので、経験と知識の豊富なクリニック選びも重要です。また最近ではエステでも同様の効果をうたうマシンがあるようですが、クリニックにある医療用マシンとはパワーが異なり、効果はそ

AFTER　　　　BEFORE

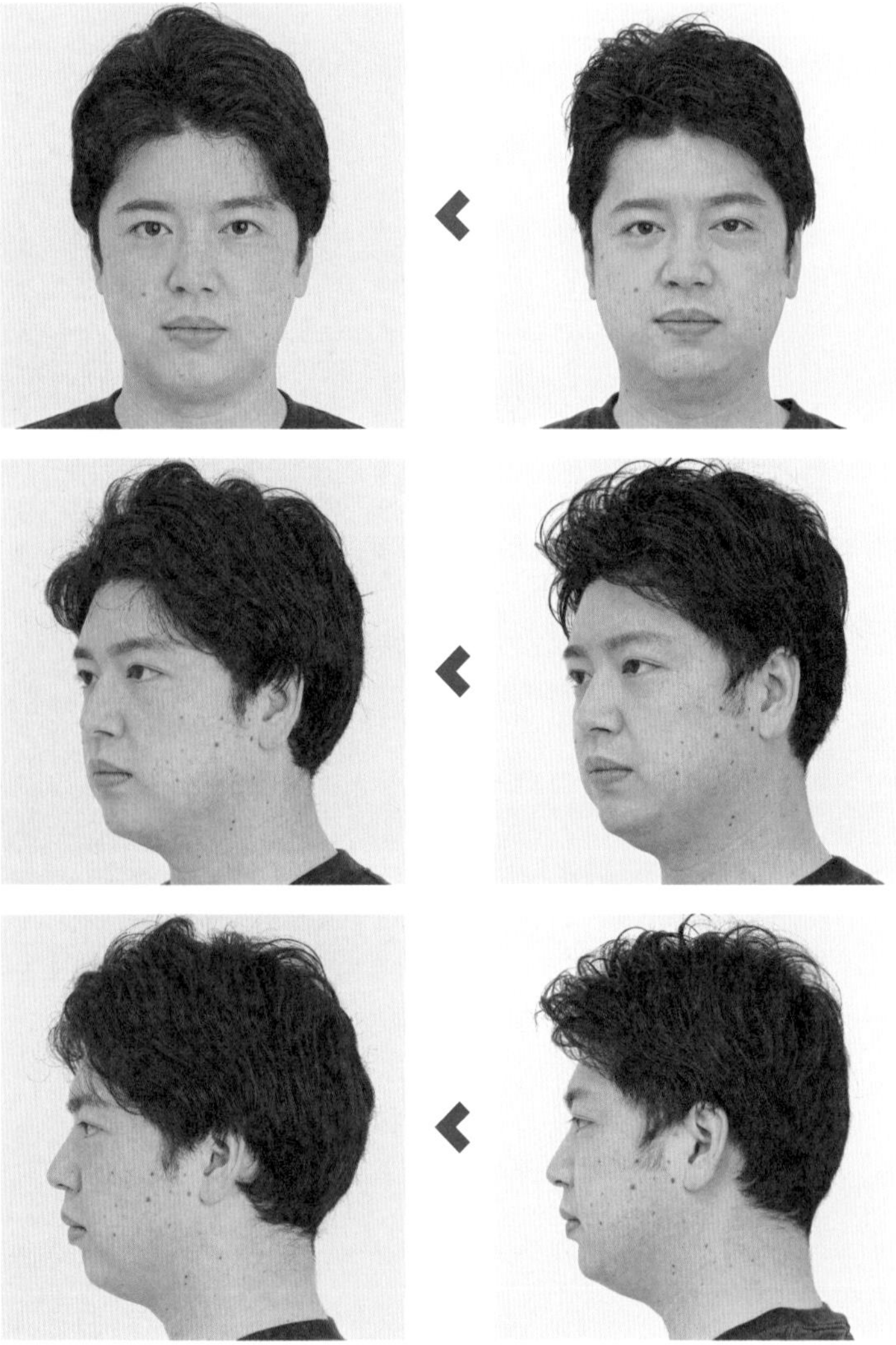

もたついていた頬が引き締まり、アゴ周りのたるみが改善。輪郭がシャープになり、すっきりとした小顔に。むくみが取れたせいか、目は大きく、鼻は高く見え、見た目年齢も若返っています。

れなりと思ってください。

44ページにご紹介している写真は、ウルセラリフトを体験したTさん（34歳）のBEFORE／AFTERです。

顔の重心が下がり、ほうれい線もやや目立っていたBEFORE。実年齢よりも老けて見えることも多かったのではないでしょうか。施術後は顔がリフトアップし、輪郭もキュッと引き締まり、ひとまわり小顔な若々しい印象に。正面よりむしろ横顔の変化がわかりやすく、皮膚がたるんで曖昧になっていたアゴのラインがすっきりシャープになりました。本人の意識も変わり、食生活やスキンケアも見直し始めたそうで、こうした影響は人生にとってもポジティブなリターンになるはずです。

男のメイクもウェルカムな時代

今は、明治でも昭和でもなく、令和。男だから、男なのに、というフレーズもアウトな、ジェンダーレスな時代です。男性が「きれいになりたい」という気持ちを抱くこともスタンダード。肌を整えるスキンケアはもちろん、男性専門のエステや美容クリニックも活況ですし、メンズコスメブランドも続々登場しています。

メンズビューティ受容に関する女性の意識を調査した2021年のアンケート結果によると、「男性がスキンケアすることをいいと思う」は95%、「男性がメイクアップをすることをいいと思う」は68%。メイクアップに関しては、2019年より25%もアップ。年代別では24歳以下の若い世代の9割が好感を持っていました。荒れて汚い肌を〝男らしさ〟と履き違えて放置するより、きれいでいたいと手間をかけるほうが、公衆衛生的にも気持ちがいいというわけです。

　プライベートで趣味としてメイクをするなら、どこまでも自由でいいのですが、仕事で好印象を与えたいのであれば、まずはベースメイクと眉でしょう。ビギナーにおすすめなのは、化粧水のあとに1品で、日焼け止めと乳液とファンデーションの3役をこなすCC（カラーコントロール）クリームやBB（ブレミッシュバーム）クリームです。これらはシミやくすみなどの色ムラをカバーして肌色を均一に仕上げるもので、やや濃い目のカラーを選べば日焼けしたような健康的な印象に。ただし、メイクをした場合は、洗顔とは別に夜のクレンジングが不可欠です。落とさずに寝ると、肌荒れやニキビの原因にもなることを覚えておきましょう。

　また顔の額縁にもなる眉は、濃いほうが骨格もきりっと引き締まって見えるので、薄い場合はアイブロウペンシルで描き足します。テクニックに自信のない人は、ヘアサロンで眉を整えるアイブロウシェービングや、クリニックで受けられる眉のアートメイクも選択肢のひとつ。

　そして、**肌をきれいに見せたいなら、メイクより顔の脱毛が優先課題。**ムダ毛がなくなることで肌色が明るくなり、メイクのりもアップ。剛毛多毛な眉の周りを脱毛処理することで、アイブロウ要らずになることも多いのです。脱毛については次の第3章で詳しくお話ししていきます。

第 3 章

毛深さの罪

毛深さは男性ホルモンが活発な証拠、男の勲章。なんて思っていらっしゃいますか？　はっきり断言したいのですが、ヒゲも体毛も毛深いことのメリットはなく、デメリットは無数にあります。触り心地は悪いし、嫌なニオイのリスクになるし、清潔感も損ないます。毎朝のヒゲ剃りは、時間を無駄にし、肌荒れやニキビが繰り返し起こる要因になっているはずです。一流アスリートや欧米の一般男性の間では、すでに男性の脱毛がデフォルトになっています。1ヶ所やると、メンテナンスの快適さに驚き、ここもそこもと追加したくなるメンズ脱毛で、ストレスフリーな毎日を手に入れてみませんか。

毎朝のヒゲ剃りで損をする3つの事実

日本の歴史を繙《ひもと》くと、ヒゲ剃りが習慣になったのは昭和の初期頃からのようです。モダンガールと呼ばれるお洒落な若い女性がヒゲを敬遠したことで、モダンボーイがヒゲを剃るようになったとか。高度成長期には、ヒゲを剃ることがサラリーマンのエチケットとして定着します。東京都が1973年に行った調査では、男性のヒゲ率はわずかに5％。そんな時代にあえてヒゲを生やしていたのは、反体制の若者やヒッピー族、ミュージシャン、アーティストなどで、権力や組織と無縁であることを示すアイコンのような存在でした。その後は、ファッション的な意味合いやキャラクター作りに取り入れている人も増えましたが、今もまだヒゲを剃ることを社員に求める企業は多く、特に営業職や飲食業の場合はヒゲNGが基本。多くの男性は、10代からヒゲ剃りが毎朝のルーティンになっているはずで、それは45年くらい続くことでしょう。

ヒゲの濃さは遺伝的な要因や男性ホルモンの量によって個人差がありますが、毛深い人は朝剃っても昼にはうっすら青味を帯びてしまい、ランチの休憩時にもう一度剃る、という人も少なくありません。

　そんなヒゲ剃りがもたらす損失について考えてみたいと思います。まずは時間です。毛量が多い場合は、頬やアゴ、首のあたりまで生えているので、ヒゲ剃りに5〜10分程度かかっているかもしれません。面倒なルーティンワークに朝の貴重な時間を費やすのはとても無駄なこと。ヒゲ剃りがなければ、その時間に、美味しいコーヒーを飲んだり、ニュースをまとめ読みしたり、今日のタスクを整理したりできるのですから。

　2つ目は肌ダメージです。ヒゲ剃りとは、刃を肌表面に滑らせる作業なので、気をつけて剃っても角層を薄く削り、バリア機能が低下することで肌荒れやニキビの原因にも。ニキビができている場合は悪化を招きます。肌荒れを防ぐために、シェービングクリームと電気シェーバーを使う？　さらに時間がかかり、メンテナンスも必要になりますよね。また、無意識にヒゲを抜いたり触ったりするクセがある人は、毛穴に炎症を起こし、ニキビが繰り返しできる傾向も見られ、レーザー脱毛を受けたらニキビも消えたというケースは少なくありません。

3つ目がメンタルへの影響です。1日の始まりに、「面倒」と感じる非生産的作業にエネルギーを使うなんてもったいない、と思うのです。そこでうっかりカミソリ負けでもしたら、さらにネガティブな気分に。洗面台にちらかった毛の掃除や、カミソリや電気シェーバーを清潔に保つためのメンテナンスなど、ヒゲを剃るだけじゃない手間が意外にかかっています。煩わしい毎朝のヒゲ剃りから、そろそろ解放されたい、と思いませんか？

胸毛、すね毛、脇毛、本当に必要ですか？

ムキムキに鍛え上げられたボディに黒々とした胸毛がぎっしり、という毛深い体毛が強さや男らしさの象徴だったのは、昔の話。それだって、日本の女性にとって魅力的だったかは、怪しいものです。特に男性の体毛は産毛と呼べる可愛らしい存在ではなく、肌と肌が触れたときの剛毛のゴワゴワ感は決して気持ちのよいものではありません。場合によっては、摩擦でパートナーの肌を傷つけてしまう可能性も。体毛の濃さは男性ホルモンに由来しますが、だからといってセックスアピールにはならないのです。

裸で生活していた原始時代には、全身に体毛があることで外的環境や危険から体や肌を保護する役割もあったでしょう。でも今は衣服があります。さらに脇の下に関しては、毛量と汗の量に因果関係はありませんが、**毛があることで汗や皮脂が長くとど**

まりやすく、皮膚の常在菌と反応して汗臭さや嫌なニオイに変わるリスクは増加します。デオドラントスプレーや殺菌シートも、脇毛が邪魔をして肌に直接届きにくいはずです。最近では、高齢になって介護を受ける場合を想定し、陰毛は汚物が付いて非衛生的である、ということを理由に脱毛する人も急増しています。いずれにしても、どんな体毛であろうとなくて困ることはないと断言できます。

世界でもスタンダードなメンズ脱毛

毎朝ヒゲを剃ることで起こるデメリット、清潔感を遠ざけ、触り心地の悪さをもたらすもじゃもじゃの体毛。どの角度から考えても、ヒゲも体毛も脱毛したほうがいい、というのが私の持論です。すでに欧米諸国では、メンズ脱毛はスタンダード。

ルックスの美的感覚はもちろんですが、プロサッカー選手の場合、すね毛があることで傷の治りが遅れることもあり、海外の選手に倣《なら》って日本代表の選手たちもレーザー脱毛を始めているそうです。ショートパンツでプレーするアスリートの脚をぜひチェックしてみてください。そして、恐る恐るすね毛やヒゲから始めて、メンテナンスの楽さや見た目のスマートさ、触り心地のなめらかさを実感し、脇毛や胸毛、陰毛と脱毛の範囲を広げていく人は少なくありません。

すね毛も脇毛も胸毛も陰毛も、あるのが自然、ないと不自然だと思いますか？　たとえば、一般女性が脇毛を処理するようになったのは１９６０〜70年代で、それまでは脇毛は恥ずかしい存在ではありませんでした。価値観というのは時代によって変わるものです。男性も体毛を処理しないことが「特別」に感じられる日は近いのではないでしょうか。

そして体毛処理でもっとも効率がよく、半永久的な効果を望めるのが、レーザー脱毛です。ひとつひとつの毛穴に針を挿入し、電気や高周波を流して毛根と毛乳頭にダメージを与えるニードル脱毛という永久脱毛もありますが、痛みが強く火傷《やけど》のリスクも。今はほとんどの方がレーザー脱毛を選択しています。また医療機関ではなくエステサロンの光脱毛は、出力が弱い上に、火傷などのトラブルが起きた場合、サロンでは治療できないというデメリットがあります。特にマシン治療に不慣れな男性の場合は、カウンセリングと診察にも時間をかけるクリニックでのレーザー脱毛が安心でしょう。

レーザー脱毛のメカニズム

一般的な医療レーザー脱毛には、熱破壊式と蓄熱式の2タイプがあり、それぞれに特徴は異なります。日本国内で多く使われているのは熱破壊式で、メラニン色素に吸収されやすい波長７５５nm（ナノメートル）のアレキサンドライトレーザーなどを使用します。メラニン色素に反応した毛根と毛包のメラニン組織に熱が発生し、毛を作る細胞が破壊されることで、レーザー照射後、14日以内を目安に毛がまばらに抜け落ち、本数も減っていく、というメカニズムです。マシンによっては照射の直前に冷却用のガスが出るもの、アイシングをしてから照射するものがあり、いずれも熱作用の痛みや火傷のリスクを軽減します。また、47ページで少し触れたように、脱毛により肌のトーンが上がるので美白作用もあります。ヒゲを剃る頻度も減るので、シミや色素沈着、くすみ、黒ずみも改善が可能。最新マシンは、照射するスポットのサイズが大きく、1回に広範囲を照射でき施術時間も短縮されました。

もう一方の蓄熱式は、毛包より浅い位置にある発毛組織のバルジ領域を狙って熱を加え、毛の再生を阻害し脱毛する仕組みです。肌へのダメージは最小限に抑え、痛みも少なく、日焼け肌にも照射できるのが特徴です。照射を続けると次第に熱感が強くなりますが、冷却装置により刺激を軽減します。

それぞれのマシンに個性があり、適した部位も異なりますが、私が多くの人を治療した経験から判断すると、蓄熱式はじんわり熱を与えていくという特性上、ヒゲにおいてはかえって痛みが強くなることが多く、男性のヒゲ脱毛は熱破壊式に軍配が上がると考えます。

ただし、重要なのは、マシンよりもむしろ施術者のスキルです。特に男性のヒゲ脱毛に関しては、女性とは肌の色、毛の太さ、濃さも違うので、**メンズ脱毛の知識や経験が豊富であることを優先すべきでしょう。**

重い腰を上げてレーザー脱毛を受けるなら、できるだけ短期間で回数を少なく済ませたい、と考えるのは当然です。でも、どれほどマシンが進化しても人間の毛周期は変わらないので、顔の場合は3～8週間に1度、ボディの場合は、2ヶ月に1度くらいの間隔で受けるほうが、結果的に少ない回数で効率よく脱毛できます。

脱毛完了までの期間も個人差が大きく、「5ヶ月ですべて終了！」などと宣伝をしているなら、知識不足を疑うべきかもしれません。

正しく行えばトラブルも少ない安全なレーザー脱毛ですが、不安や疑問がある場合は、しっかり相談し、納得してから進めることが大事です。男性ホルモンにより体毛が濃く太い男性の脱毛は、女性に比べて長期戦になり、ヒゲで8～10回、ボディは5～8回が目安。ただし、その間も、毛が細くなったり、伸びるのが遅くなったり、という変化はあるので、朝のグルーミングは楽になり、モチベーションも上がるはずです。

このようにメリットだらけのレーザー脱毛ですが、レーザーは黒色に反応するので、そもそも白髪になってしまったら脱毛できなくなります。迷っているなら、ぜひ今すぐに。

ヒゲから始めて、全身も、となり付き合いが長くなるケースも多いので、価格と期間だけに飛びつかず、気になるクリニックでカウンセリングを受けて比較することをおすすめします。

ヒゲのレーザー脱毛を体験！

44ページでウルセラリフトを体験してもらったTさん。ヒゲのレーザー脱毛にも初挑戦していただきました。肌質はノーマル、ヒゲは濃すぎず、薄すぎず、極めて一般的なタイプです。熱破壊式のアレキサンドライトレーザーを使用し、頬・もみあげ、鼻下、口下・唇下、アゴ中央、アゴ両サイド、アゴ裏、首、フェイスラインの脱毛をしました。ヒゲ脱毛と一口に言っても、このようにかなり細かいパーツに分かれている場合がほとんどです。脱毛したいところを患者さんご自身で選択できるので、残したいパーツのリクエストも可能です。また、残したいホクロがある場合も事前に申告しましょう。繰り返しになりますが、医療レーザー脱毛は一般的に毛のメラニン色素にレーザーを照射し、毛根と毛包を破壊して脱毛効果を得る仕組みです。このレーザーは、毛だけでなく肌のメラニン色素にも反応するので、ホクロも薄くなる可能性が

BEFORE

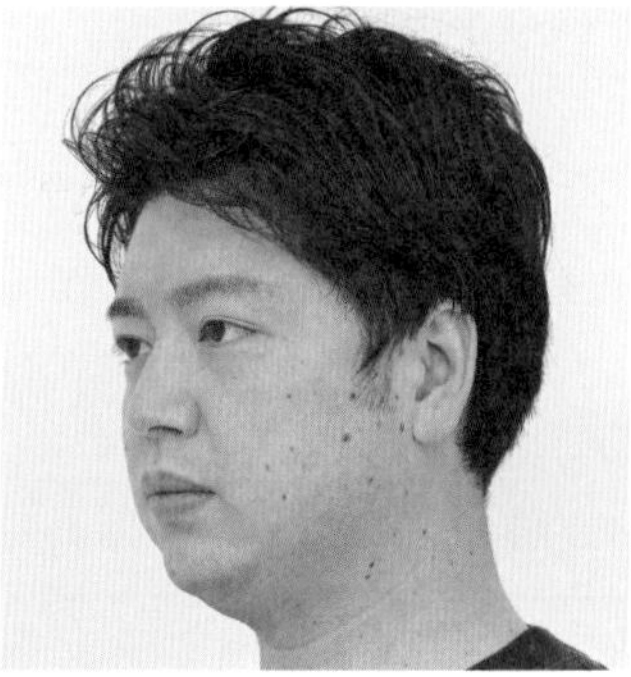

AFTER

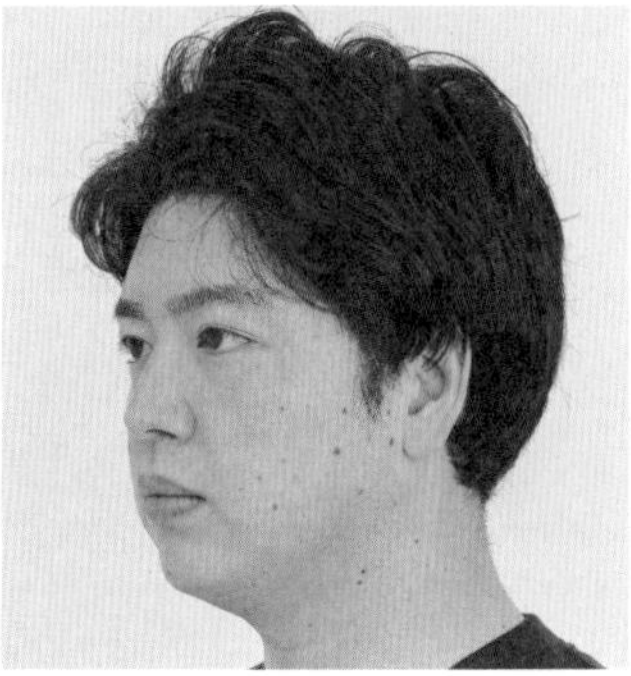

あります。

Ｔさんの1回目の施術時間は30分で、麻酔はなし。初めてなので、弱すぎず強すぎないレベルで照射。慣れてきたところで、様子を見ながら少しずつパワーを上げていきました。その「痛み」が果たしてどのくらいのものなのか、気になるところだと思いますが、基本的には輪ゴムで軽くパチンと弾かれる程度の刺激で、耐えられるレベルです。ただ耳の下とアゴは熱さや痛みを感じる人が多いようです。個人差はあるものの、施術後は、赤みや腫れも早めに引くので、ほとんどの人がそのまま仕事に行かれます。

ＡＦＴＥＲの写真は3回目の施術を終えて、

数日後に撮影したものです。Tさんは色白ということもあり、脱毛前は頬、鼻下やアゴの青さが目立っていましたが、改善されています。また、これまでは順剃りのあと逆剃りも必要だったのが、今では順剃りだけで済むようになり、あまりの快適さに、完全になくなるまで脱毛を続けられることになりました。

第4章

若々しさは髪に出る

ヒゲや体のムダ毛とは逆に、なくなってほしくない毛髪。薄毛、抜け毛問題は多くの男性を悩ませています。確かに髪のボリュームは見た目の印象に直結します。遺伝による影響もありますが、それがすべてではなく、間違ったヘアケアや乱れた生活習慣など、後天的な要素も大きいのです。髪が細くなってきた段階なら、毎日の習慣を見直すとともに頭皮のコンディションを整える予防ケアを続けること。髪の量が減ってしまっても、確かな発毛効果をもたらす薬剤も見つかり、諦める時代ではありません。ここでは、黒々と豊かな髪を少しでも長く維持するためのノウハウをレクチャーします。

薄毛は老化？　それとも遺伝？

男性の見た目で、今も昔ももっとも身近かつ深刻な悩みは薄毛でしょう。２０２０年に実施された、20～69歳の男女を対象にした薄毛に関する意識調査では、男性の約3割が現在薄毛である、と回答し、薄毛でないと答えた人の3割弱は不安があり、まだ何も感じていない人の2割弱が対策をしていると回答。薄毛が気になり出した年齢は、男性が38・1歳、女性が41・9歳で、男性のほうが早いのは、ホルモンの影響を考えると適切な結果です。

確かにファーストインプレッションで髪のボリュームが与えるインパクトはかなり大きく、年齢印象にもダイレクトに影響します。今まで上から見下ろされることが少なく、わかりづらかった頭頂部の薄毛が、カメラオンのオンライン会議で人目に触れるようになった、という嘆きの声も。20代で薄い人もいれば、50代でも毛量たっぷり

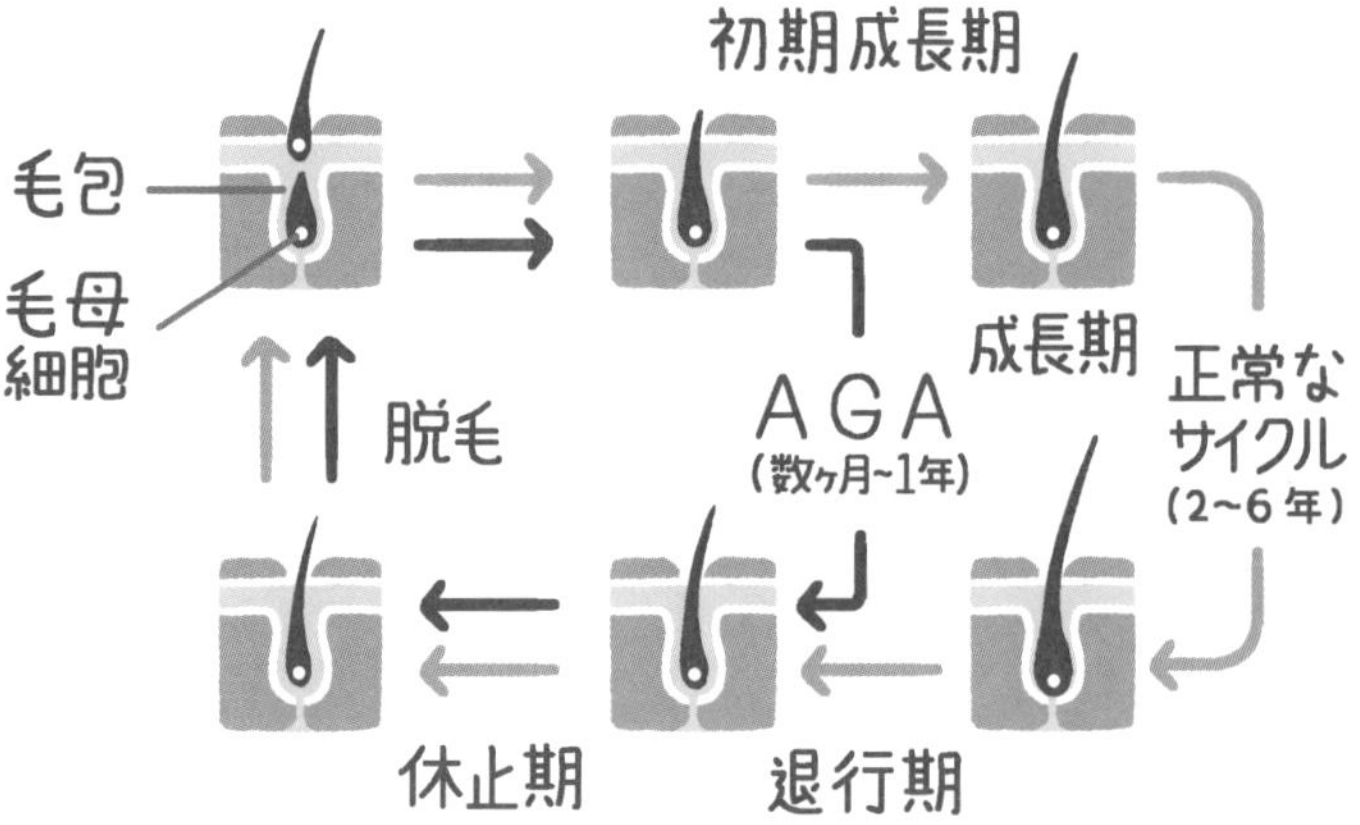

■ 正常な毛周期とAGAの毛周期

フサフサな人もいて、ある年齢になれば誰にでも起こる、というエイジング現象ではないことは明らかです。

あらためて、男性型脱毛症（AGA）のメカニズムを説明しましょう。髪の毛を作り出す毛包は、成長期、退行期、休止期という毛周期を繰り返しています。毛包に男性ホルモンのDHT（ジヒドロテストステロン／男性ホルモンのテストステロンが頭皮に存在する5αリダクターゼという酵素と結合して生成されるホルモン）が作用すると、毛の元を生む毛母細胞の働きが低下し、毛周期に悪影響を与え、毛の発育を抑えるシグナルなどが過剰に出てしまいます。そうすると、成長期の期間が短くなり、相対的に休止期が長くなるので、毛包は十分に成長することなく毛周期を繰り返し、毛包がミニチュア化。その結果、作り出される1本1本が細く軟毛化し、成長しきる前に抜け落ちてしまう状態が男性型脱毛症です。

進行パターンはひとつではなく、前頭部から薄くなるタイプ、額の生え際からM字型に薄くなるタイプ、頭頂部のつむじ周辺から薄くなるタイプ、前頭部と頭頂部が同時に進行するタイプがあります。このうち、頭頂部だけが進行する薄毛は欧米人には少なく、日本人に多いパターンです。

男性型脱毛は、原因となる遺伝子の報告がいくつかあり、遺伝的要因があるのは間違いないようです。両親や祖父母に薄毛の人がいればＡＧＡになる可能性が高くなり、20代後半から30代で発症し、50代以降では40％以上の人に見られますが、10代後半で始まる人も。男性の全年齢で見ると、3分の1の人にＡＧＡの症状がみられます。

薄毛一直線の生活習慣にご用心

とはいえ、その遺伝子を持っていれば全員もれなく薄毛になるわけではありません。遺伝的要因はせいぜい3割程度。残りの7割は後天的要因なのです。家系的に薄毛リスクが高い人は、今すぐ生活習慣を見直すべきですし、遺伝的要素がない人も、次に挙げる習慣が思い当たるなら、近い将来髪のボリュームが損なわれるかもしれないと覚悟してください。

1　睡眠時間が短い、眠りが浅い

毛髪の成長は、睡眠中にたっぷり分泌される成長ホルモンによって活性化します。寝つきが悪い、眠りが浅い、睡眠時間が5時間以下など、睡眠の質と量が悪いと、成長ホルモンの分泌が少なく、髪の成長も妨げられます。

2　アルコールの過剰摂取

飲酒をすると、体内でアルコールを分解する際に体内で「アセトアルデヒド」という物質が作られます。これが男性型脱毛症の原因ホルモンであるＤＨＴを増加させる、という報告があります。さらにアルコールを分解するために、髪の成長に不可欠なアミノ酸やビタミンが消費されるので、髪にとってはダメージしかありません。

3　糖質、脂質の摂りすぎ

麺類、ご飯類、パンなどの糖質、揚げ物やジューシーな肉などの脂質が多い食事は、皮脂分泌を増加させます。増えた皮脂により頭皮の毛穴が炎症を起こすと、毛髪の成長を阻害してしまいます。糖質や脂質をゼロにする必要はありませんが、量をコントロールすることがベターです。

4　喫煙

タバコに含まれるニコチンは、毛細血管を収縮させ、血流の低下を招きます。毛細血管が集中する頭皮が血行不良になると、毛髪の元である毛根、毛包に栄養が届きにくくなり、抜け毛や薄毛のリスクがアップします。

5　ストレス

私たちの体はストレスを感じると、それに対抗するためにコルチゾールというホルモンを分泌します。コルチゾールが大量に分泌されると体内の活性酸素が増加し、すべての細胞の老化が加速。毛母細胞も例外ではなく、毛髪の新生が阻害されます。また慢性的なストレスで自律神経の交感神経が優位な状態が続くと、末端に血流が届きにくくなり、頭皮の血行不良にも。

薄毛リスク度CHECK

3つ以上当てはまったら、今すぐケアをスタート！

□父親・母親、もしくは祖父・祖母が薄毛
□昔より額が広くなった
□髪の毛のクセが強くなった
□朝起きると枕に大量の抜け毛がある
□喫煙者である
□アルコール量が増えた
□脂っこい食事が多い
□眠りが浅く、睡眠時間が短い
□抜ける毛が昔より細くなった
□髪の立ち上がりが悪い

毛を増やす、太くする、最新ＡＧＡ治療

65ページでも説明したように、男性型脱毛症は成長期が短く休止期が長くなり、1本1本は細く軟毛化するもの。ぱっと見、毛がないように見えても、頭皮をよく観察すると毛髪がゼロということではなく、産毛のような軟毛が残っています。毛を生み出す工場である毛包さえ残っていれば、従業員を増やすことができ、稼働力も復活するのです。

世界中の多くの男性が悩むＡＧＡには、有効な治療も見つかっています。必要なのは、まずＡＧＡの進行を止め、次に血行を促して毛根に栄養を与え、毛を濃く太く成長させる、という2ステップ。エビデンスがあり、**医学的に有効性が認められている薬剤が、フィナステリドとデュタステリドとミノキシジルです。**ＤＨＴを抑制し、抜け毛を抑えるフィナステリドやデュタステリドの内服治療は、2年で68％、3年で

78%、5年間の継続では90%以上の有効率が確認されています。市販薬にも配合されるミノキシジルは、血流を促進する成分です。毎日患部に塗る外用で、濃度にもよりますが24週から目に見える変化が現れます。ミノキシジルの内服薬は、全身の体毛が濃くなる可能性があるので、フィナステリドやデュタステリドの内服とミノキシジルの外用、塗る＋飲むの二刀流が基本。早い人は3ヶ月くらいで効果を感じるはずです。以前は高額だった治療にかかる費用もかなり抑えられ、内服だけならジェネリックで月５０００円～程度。細くなった、薄くなった、抜け毛が増えたと感じたら、早めにクリニックを受診してみてください。副作用としては、性欲減退やＥＤが１%程度見られます。

　ただしこれらの薄毛治療は、毛髪生成工場である毛包が存在していることが大前提。フィナステリドやミノキシジルで、サボっている従業員を働かせたり、従業員の数を増やすことができたりするからです。さらに薄毛が進行し、毛包がなくなってしまったらアウト。その先は、毛包を移植する植毛や、再生医療というハードルの高い方法、またはウィッグという選択肢になるので、毛髪工場が閉鎖になる前に動き出すことをおすすめします。

今そこにある毛髪を守るセルフケア

毛が細くなった、成長するより抜けるサイクルが早い、という男性型脱毛が進行してしまったら、先に述べたような医薬品でサポートする治療が近道ですが、それと同時に、今ある髪を守るケアも必要です。せっかく薄毛の進行を抑えても、日常的に頭皮にダメージを与えていたら、ブレーキとアクセルを同時に踏むようなもの。誰でも今から意識したいセルフケアをお伝えします。

まずは67ページで説明したような、生活習慣を見直すことです。睡眠時間は6時間以上をキープ。成長ホルモンの分泌に役立つ入眠時の深い眠りを得たいので、寝る直前までスマホやタブレットを見ているなら、ベッドにデバイスを持ち込まないよう心がけて。アルコールとの付き合い方も考えたいものです。緊張を解いてリラックスしたり、血行を促したり、と百薬の長と言われるお酒も、深酒になると百害あって一利なし。飲みすぎると眠りも浅くなり、成長ホルモンの分泌も妨げてしまいます。食生活では、疲れているとき、忙しいときほど、糖質、脂質を摂りすぎる傾向があるので、タンパク質、野菜を意識して積極的に摂りましょう。喫煙は言語道断。少なければいい、というものでもないし、ニコチンは中毒性があるので、やめられない人は医療機関で相談するとよいでしょう。

一番難しいのが、ストレスコントロールです。ストレスは自分の意思でなくせるものではなく、生きている以上、ゼロになることはありません。ただ、意識的に発散することはできるはず。日々のストレスを小さいうちに上手にリセットし、溜め込まないようにしましょう。また、ストレスで交感神経が優位になると血行不良になりやすいので、運動や入浴で全身に血流を促すことを意識するだけでも、ダメージを回避できます。

これら、間接的に影響を与える生活習慣とは別に、頭皮に直接ダメージを与えているルーティンも。それが毎日のシャンプーです。**高価なシャンプーを使ったからといって髪が増えることはありません**。むしろ、洗い方によっては髪が生える畑である頭皮の質を悪くしてしまいます。あなたのシャンプーは大丈夫ですか？

髪を洗うのは1日1回、朝より夜がベター。ワックスやジェルなど整髪料を使う人は夜寝る前に必ず洗い流しましょう。これはメイクを落とさないまま寝るのと同じことです。シャンプーを使う前に、お湯でしっかり髪と頭皮を濡らし、シャンプーを泡立てて、髪ではなく頭皮を指の腹で揉み込むように洗います。シャンプーに含まれるシリコンや界面活性剤も絶対的な悪ではありませんが、頭皮にはメリットにはならないので、少ないほうがいいかもしれません。

25ページの洗顔のポイントでもお伝えしましたが、重要なのは、やはりすすぎです。シャンプーやコンディショナーが頭皮に残っていると、炎症などのダメージに。頭頂部や生え際にもすすぎ残しがないよう、しつこいくらいに洗い流してください。

お風呂上がりの乾かし方も重要です。頭皮が湿ったまま放置すると雑菌が繁殖しやすいので、タオルで水気を取った後に、ドライヤーで頭皮を中心にカラッとなるまでしっかり乾かします。髪が濡れたままベッドに入ることは、頭皮にも髪にもダメージを与え、また頭のニオイも発生してしまいます。乾かすまでがヘアケアです。

得する白髪、損する白髪

髪のエイジングといえば、薄毛のほかに白髪もあります。30代からポツポツ増えてくる人もいれば、50代で黒々としている人も。たとえば30代で髪が真っ白だったら、それは深刻なお悩みになると思います。でも部分的に生えているくらいなら見た目にはそれほどデメリットはない、というのが私の持論です。かっこいい薄毛にはなかなか出会えないものの、**ロマンスグレーという褒め言葉があるくらい、白髪は大人の魅力にもなり得るもの**。細く薄くなった髪をボリュームアップするのは難度の高いことですが、白髪は染めればいいだけ。そのままでも落ち着いた世代のシルバーヘアは素敵だし、30代、40代の方に見られるまだらな白髪も、メッシュのようで悪くないのでは？　むしろ真っ黒の重たい髪より、軽いニュアンスが出しやすいかもしれません。

さらに、黒髪より白髪のほうが地肌とのコントラストが弱い分、薄毛になってもスカスカ感が目立ちにくい、というメリットも。

とはいえ、**白髪をお洒落に見せるためには、若々しく清潔感のある肌が不可欠です。**くすみや凹凸が目立つ、ヨレッとたるんだ肌では老けて疲れて見え、苦労をしていそうな印象に。白髪を生かすも殺すも肌次第といったところでしょうか。

謎多き白髪の正体

では、そんな白髪はどうして生えるのか。実はその原因、まだ明らかになっていません。白髪のメカニズムはわかっていますす。そもそも髪は白くなるのではなく、後から黒に変わるものです。髪の黒色となるメラニン色素が作られているのは、メラノサイトという色素細胞。メラノサイトは、髪の元を生む毛母細胞と隣接していて、毛母細胞が細胞分裂して髪になっていくときに、メラノサイトから分泌されたメラニン色素を取り込んで黒く着色します。何らかの理由でメラノサイトがダメージを受け、メラニンを作る力が弱くなり、黒くならないまま表に出てきてしまったもの、それが白髪です。だから今目に見えている白髪が後から黒くなることもなければ、都市伝説のように言われる「一夜にして髪が真っ白に」ということもありえません。もしそう見えたとしたら、もともと白髪と黒髪が交じっていた状態から、ストレスによって黒髪が一気に抜けて白髪だけになったように見える、ということでしょう。そして白髪が抜け落ちても、基本的には同じ毛穴から次に生えてくる髪はまた白髪。抜いたからといって白髪が増えることはないのですが、無理に抜くと毛根にダメージを与え、次に生えてくる髪に悪影響を与えるので、気になるときは根元から切ることをおすすめします。

メカニズムは解明されても、なぜメラノサイトの機能が低下するのかという原因がわからないので現時点では有効な改善策もなく、加齢とともにメラノサイトの活性が弱くなり白髪になる、としか説明できません。ただ、まだ実験段階ではありますが、ストレスを与えたマウスにまだらな白髪が発生した、という研究も。難しいのは、メラノサイトを活性化させて白を黒にしたいのは髪に限ったことだということ。肌の場合は色素沈着になるメラニンの生成を抑えたいわけです。残念ながら、健康に直接関わらない領域の研究は進みにくいと言われますが、製薬会社や化粧品会社も注力しているので、白髪を黒髪に戻せる方法が見つかる日は、そう遠くないかもしれません。

失敗しない白髪染め

さて、改善の難しい白髪を隠す、唯一の方法が染めること。女性に比べると、男性で白髪を染めている人はそこまで多くないようです。白髪を染めるかどうかをアンケートしたある調査では、染めると答えた男性は30代で57・5%ですが、40代になると48・7%と約10ポイントも減少。半数以上の人が染めるとは答えていません。基本的に年齢を重ねると白髪の範囲は広がっていくので、いたちごっこのように髪が伸びるたびに染めるのは面倒、という意見が目立ちます。さらに染める色選びもなかなか難しいもので、白髪を黒に染めると、海苔のようにべったりと重く見えたり、逆に明るすぎても品がなさそうに見えたり……。元の髪の色や質によっても発色は変わるので、慣れていない人はヘアサロンでプロの判断と技術に委ねるのが正解でしょう。最近は、ブラックやブラウン以外に、あえてグレーに染めるお洒落な選択もあるようです。たただ、ヘアカラーに使われる薬剤のジアミンは刺激が強く、長く使い続けるとアレルギー反応を起こしやすい成分であるのも事実。頭皮に炎症を起こすと抜け毛というリスクにもつながるので、染めるのであれば、できるだけ間隔をあけることをおすすめします。

もし、白髪を完全に隠そうとは思わない、目立たなくなる程度でいい、というのであれば、家でシャンプーの後に使うカラートリートメントというアイテムもあります。使うたびに徐々に着色していくので、激変せず、あくまで自然に染まります。髪を傷めることもありません。いずれにしても、白髪が出始めたら、その後は増えていく一方。染めるのであれば、将来的なプランも考えたほうが良さそうです。

第5章

ニオイの元を科学する

思春期以降は、ホルモンの影響もあり、女性より男性のほうが体臭が強くなりやすいもの。目には見えないニオイが、清潔感を遠ざけてしまう要因にもなりかねません。努力ではどうすることもできない遺伝的な体質によるニオイもありますが、多くは知識と意識があれば防げるはずです。頭も、ワキも、足裏も、洗うだけでも、デオドラントアイテムを多用するだけでもダメで、悪臭の上から香水でマスキングするとさらに残念な結果に。実は意外なところに嫌なニオイの間接的な原因があるのです。体のムダ毛や古い角質、ヘアケア、食生活など、知られざるニオイファクターを解き明かします。

自分ではわからない、自分の体臭

ここまでお読みいただいたみなさまには、清潔感がどれだけ大切なものか、おわかりいただけたかと思います。それを損なう要因のひとつが、ニオイです。人間の嗅覚は、一瞬で快・不快を嗅ぎ分けます。でもニオイ問題の難しさは、どんなに近しい関係でも嫌なニオイを放っていることを指摘できないこと。そして自分では自分のニオイに気づきにくいこと。

いいニオイでも嫌なニオイでも、嗅覚には「順応」があり、最初は感じていたニオイも、慣れてくると感じなくなるのです。たとえば自分の家のニオイ。毎日暮らしている家のニオイは感じなくなりますが、旅行や出張から帰ってくると、「あ、我が家のニオイだ」と感じるでしょう。ペットを飼っている誰かの家を訪ねたとき、初めは動物のニオイを感じるのに、数十分経てば感じなくなります。その原理で、一番近く、毎日嗅いでいる自分のニオイを感じることが難しいのです。

　自分の体臭が知りたかったら、一度コーヒーの香りや外の香りなどで嗅覚をリセットしてから、脱いだばかりのシャツをビニールに入れて、そのニオイを嗅いでみましょう。口臭はコップの中に息を吐いて閉じ込めたニオイで確認してみてください。朝起きたときの枕カバーのニオイはどうですか？　どうしてもわからなかったら、子供に聞いてみるという手も。残酷なほど素直な感想を聞くことができるはず。

　20～49歳の女性2万人を対象にした、嫌いなニオイの調査では、1位が口臭、2位が体臭、3位がタバコのニオイ、4位が加齢臭で5位が頭のニオイ。香水をふりかける前に、自分がどんなニオイをしているかを知るべきです。

ワキガ、加齢臭、足裏のニオイの正体は？

世の中に、無臭の人はいません。赤ちゃんも10代の少年も、誰にでもニオイがあります。でも単なる汗臭さとは違う、特有のニオイも。それが、ワキガ、加齢臭、足裏臭の3つです。

まずは固有の体臭であるワキガ。私たちの体には、エクリン腺とアポクリン腺という汗腺があります。全身に分布するエクリン汗腺から出る汗の成分はほぼ水なのですが、ワキや外耳道《がいじどう》、外陰部、乳首など限られた部分だけに存在するアポクリン汗腺から分泌する汗は脂肪酸を含み、皮膚表面の細菌によって分解されて強いニオイになります。

アポクリン腺の数が多いことで生じるワキガは優性遺伝で、耳垢が湿っている人はワキガ体質と判断して間違いなさそうです。両親共にワキガの場合、子供に75％以上の確率で遺伝し、片方がワキガの場合は確率50％以上。後天的にワキガになることはありません。日本人は１～２割と少ないけれど、欧米人は８割以上。日本ではマイノリティなのでネガティブなイメージを持たれがちですが、ワキガはフェロモンの名残とも言われ、セクシーな魅力ととらえることもできます。

女性が嫌いなニオイの４位にランクインした加齢臭の正体は、脂臭く酸っぱいニオイを発するノネナールという原因物質です。加齢とともに増加する脂肪酸（パルミトレイン酸）や過酸化脂質が皮膚常在菌によって酸化したり、分解されたりすることで発生。耳の裏や頭皮を中心に全身から放たれ、早い人で30代後半から、一般的には男女問わず40歳を過ぎた頃から増えてきます。加齢臭と言いつつ、大量の紫外線、ストレス、睡眠不足、脂っこい食事、疲労など酸化ストレスを招く要素が加わると、年齢に関係なくニオイが強くなる可能性もあります。資生堂が20～50代のビジネスパーソン２４００人を対象に行った調査では、７割以上の人が他人に加齢臭を感じたことがある、と回答。加齢臭という概念ができたのは１９９９年で、まだ20年ちょっとですが、あっという間にポピュラーな存在になりました。

そして、誰もが思わず顔をしかめる、納豆ライクな足裏のニオイ。足裏は汗腺が多く、1日でコップ1杯程度の汗をかきます。その汗や皮脂、古い角質などが混じり合った垢を、皮膚の常在菌が分解したイソ吉草酸《きっそうさん》が納豆臭の正体です。皮膚の常在菌は、高温多湿になると増殖し活発に活動するので、通気性の悪い革靴やブーツを履いていたり、梅雨から夏の季節はニオイのリスクが高まります。また、古い角質が溜まり、ガサガサ、ゴワゴワになっている足裏も、細菌にとって絶好の環境なので注意しましょう。

ニオう男を卒業し、香る男へ

最初は不快に感じたニオイもすぐに慣れてしまうし、プライベートでは好きな相手のニオイならワキガさえも愛しく感じるほど、嗅覚は感覚に左右されやすいもの。それでもやっぱり、オフィシャルな場面では独特の体臭がコミュニケーションの邪魔をすることはあるでしょう。ニオイを発しているかも？　と感じたら、積極的にデオドラント対策を。

一般的なエクリン汗腺によるワキのニオイは、汗が脇毛にキャッチされて長くとどまって細菌と反応しやすくなり、さらに蒸れも影響するので、**ワキ脱毛＋制汗剤でかなり軽減できます**。難しいのはワキガ臭です。汗をこまめに拭き取る、シャツをこまめに着替える、という工夫は必要ですが、セルフケアで消臭はほぼ不可能。どうしても気になるようなら、皮膚を切開してアポクリン腺を除去する保険適用の手術か、保険適用外でやや高額ですが、マイクロ波でアポクリン汗腺を焼くミラドライというマシンを用いた、切らないワキガ治療が有効です。

体内の酸化の指標である加齢臭は、ボディを毎日丁寧に洗うだけでは防げません。問題は体の中にあるので、繰り返しになりますが油っぽい食事や睡眠不足、ストレスなど酸化を誘引する生活要因を減らすと同時に、抗酸化力を強化しましょう。コエンザイムQ10のサプリメントを1ヶ月毎日摂るとノネナールが減る、という報告もあり、ビタミンCやα－リポ酸、アスタキサンチンなどもおすすめです。夜、シャンプーの後に髪をしっかり乾かしてからベッドに入る、枕カバーをこまめに変えることも、加齢臭対策になります。

足裏のニオイが気になるなら、外出前にフットスプレーなどで汗を抑えながら抗菌をする、通気性のいい靴やソックスを選ぶ、という予防策と同時に、素足の状態もチェックしましょう。固くなった足裏の角質や爪の中の汚れも悪臭の元。季節の初めには、ネイルサロンで角質除去や爪のファイリング（やすりを使って爪の長さや形を整えること）などフットケアをすると、見た目もニオイもすっきり爽やかに変わります。

ネガティブに感じられるニオイをリセットしてから、清潔感たっぷりのシトラス系やフレッシュなアクア系、落ち着いたウッディ系の香水を、首の後ろや手首、足首にシュッとひと吹き。この先の人生、洗練された香る男に変身してみては？

第6章

見た目を変える生活習慣

多少の無理をしても、あっという間に回復できた10代、20代。30代から先は生活を見直さないと老化のスピードが加速します。ボディを引き締め、若々しい肌と髪をキープするためには、適度な運動もバランスのいい食事も不可欠だし、ストレスや睡眠にもフォーカスしたいものです。パーソナルトレーニングや寝室の環境作りに投資するのも有効でしょう。でももっとも大事なのは流行に振り回されないことです。一時的にハードなことに挑戦しアップダウンを繰り返すより、長く続けられることを選択するほうが、ずっとスマート。いつかではなく、今無理なくできることから始めましょう。

理想の睡眠を考える

健康にも美容にも、一番の特効薬は睡眠です。短い時間で満足できるショートスリーパー、長く寝ないと物足りないロングスリーパーと個人差はあるものの、米国の大規模調査でわかったのは、**7時間睡眠の人がもっとも死亡率が低く長寿である**、という事実。あらゆるデータを見ても、6時間を切ると心や体、見た目にさまざまなダメージを及ぼすことは明らかです。疲れを癒すだけでなく、睡眠中には、細胞ダメージの修復・再生、脳の記憶の整理や定着、脳の老廃物の除去、免疫機能の向上やホルモンバランスの安定など、ありとあらゆるメンテナンスを行っています。

一方で睡眠不足で起きるトラブルも実にさまざまです。血流が悪くなって肌はくすみ、ニキビ、肌荒れが起きやすくなり、ストレスで男性ホルモンが優位になって皮脂分泌が活発になり、老化も加速。さらにダイエットにとっても天敵です。食欲を亢進《こうしん》させるホルモン・グレリンが増え、逆に食欲を抑えるホルモン・レプチンの分泌が低下するので、空腹感が強くなり、過食からの肥満という流れも。成長ホルモンの分泌が少なければ、肌や髪、筋肉の成長も望めません。集中力や記憶力が落ちて仕事のパフォーマンスも低下するでしょう。

それぞれの仕事や生活環境もあるとは思いますが、美容に不可欠な成長ホルモンと強力な抗酸化物質であるメラトニンの恩恵を十分に受けるためにも、0時にはベッドに入り、午前1〜3時に熟睡し、6〜8時間の睡眠が理想的。ベッドの中でスマホやタブレットの強い光を見ると、メラトニンの分泌を妨げ、交感神経が優位になって眠りが浅くなる、という報告もあるので、デジタルデバイスを寝室に持ち込む習慣は考えものです。

偏らない食事が一番

健康やボディメイクを考える上で、「食事」は重要なファクターです。ダイエッターは糖質オフやファスティング、ナチュラル志向の人はベジタリアン食やビーガン食、筋肉をパンプアップするならタンパク質ファーストと、目的や趣味嗜好、ライフスタイルによって、重視する栄養素は変わります。これまでも、盛り上がってはいつの間にか消えていった食ブームがたくさんありました。

確かに、糖質をカットすると体重はわかりやすく落ちます。でも通常の食生活に戻れば体重も戻り、リバウンドしてしまう可能性も。ファスティングも同様です。野菜だけの食事で脂質やタンパク質が足りないと、肌がパサッと乾燥したり、エネルギー不足に陥ったりしやすいでしょう。筋肉を増やすための肉中心の食生活は、ビタミン不足になったり、脂質が多すぎたり。68ページでも説明していますが、糖質や脂質の摂りすぎは、ニキビが治ってもまたできるというスパイラルに陥りがちです。一方で、忙しさのあまり手早い外食やインスタント食に頼りがちになると、野菜や肉より穀類が増え、太りやすくなる傾向も。

どうしても自炊が難しく、栄養バランスが偏ってしまう、という人は、サプリメントを有効に活用しましょう。肌のためには、ビタミンA、C、Eとカルシウム、マグネシウムなどのミネラル。ストレスフルな人、紫外線を浴びることが多い人、飲酒の習慣がある人は、酸化ストレスを受け活性酸素のダメージを受けやすいので、α－リポ酸やアスタキサンチン、コエンザイムQ10、グルタチオンなど抗酸化成分を。これは体の内外のトータルなエイジング予防に役立つはずです。

私は食のスペシャリストではありませんが、医師という立場から考えると、炭水化物もタンパク質も脂質も、ビタミンやミネラルも、バランスよく摂る、偏らない食事を続けることを推奨します。野菜や魚はハウス栽培や養殖より、できるだけ栄養豊富な旬のものを。

1日3食、朝食5、昼食3、夕食2のボリュームバランスにすると、日中は積極的に活動し、夜は休息という体内時計にもフィットします。そして毎日完璧な食生活を目指す必要はありません。時に乱れたり、過不足があっても、数日～1週間で調整するくらいの感覚で、神経質にならずに食を楽しむことが、結果、ボディとマインドの若々しさにつながるのではないでしょうか。

意識すべきは体重より体脂肪

男性でもダイエットの必要性を感じている人は多いようです。肥満者と喫煙者は出世できない、という流れを作ったのはアメリカでした。自分の健康管理ができないようでは、ビジネスのマネジメントは難しい、という理由は誰もが納得するでしょう。

２０１９年の国民健康・栄養調査によると、ＢＭＩ（ボディマス指数）を用いた判定をベースに導いた肥満者の割合は、男性33％、女性22・３％。男性は10年間で有意に増加していて、新型コロナウイルスの影響でライフスタイルが変わり、運動量が激減した今、肥満者はさらに増えていると懸念されます。やや古いデータではありますが、２０１４年の同調査によると、肥満者の割合は、男女ともに低所得者のほうが高い傾向にあり、年収６００万以上の男性の肥満率は25・６％であるのに対し、年収

２００万未満の低所得者は38・6％。貧困と肥満の関係は世界的な社会問題になっているのです。

国際的に、成人の肥満の指標になっているＢＭＩは、体重kg÷（身長ｍの二乗）で、適正体重は、（身長ｍの二乗）×22という計算式で表されます。ただこれは、統計的にもっとも病気になりにくい、あくまで健康の指標となる数字で、適正体重は見た目のスマートさとは一致しません。また、筋肉のほうが脂肪より重いので、ウェイトトレーニングを始めて筋肉量が脂肪量を上回ると、体重が増えるという現象はよく起こることです。

体重は水を飲んでも増えるし、断食をすれば減ります。その増減に一喜一憂することはナンセンスだと思うのです。むしろ**重視したいのは、体重に占める内臓脂肪＋皮下脂肪の割合、体脂肪率です**。健康的とされる体脂肪の目安は、男性は10〜19％、女性は20〜29％で、それ以上だと肥満ということになります。30歳以上の男性が注意したいのは、内臓脂肪。痩せ型や普通体型でも、ウエスト周りがぽっこりしていたら、内臓脂肪が多い疑いがあり、生活習慣病のリスクが高まります。

また**見た目に直結するのも体重ではなく、体脂肪です。**ボディメイクを得意とするトレーニングジムが、最初は体重を維持しながら体脂肪を減らすよう指導するケースが多いのは、ルックスの変化がわかりやすいからです。そして体重を減らすより、体脂肪率を減らすほうが難しいのも事実。運動量を増やすとともに、栄養や生活習慣を見直すなど、相応の努力が必要になってきます。体脂肪率は、ある意味努力の結果を表した数値なのです。

筋トレを続けることで、男性ホルモンのテストステロンの分泌が増え、気持ちがポジティブになったり、集中力や創造力が増したり、精神的にタフになるなど、ビジネス面にも良い影響があると言われています。

もちろん、トップアスリート並みの1桁台の体脂肪率や、逆三角形の広背筋やバキバキに割れた腹筋を目指す必要はありません。まずは、ＷＨＯが示す、週１５０〜３００分の中等度の有酸素運動もしくは75〜１５０分のハードな有酸素運動と、週２回の筋トレを目標にしてみてはいかがでしょうか。

姿勢を変えて即席ボディメイク

健康管理やボディメンテナンスは、見た目を変え、中身も変え、ビジネスにもプライベートにもポジティブな連鎖を生みます。けれど、理想的なボディを手に入れるまでには、意志の強さとかなりの努力と多くの時間が必要です。将来のための自己投資として、それなりの覚悟をして継続する必要があるのですが、それとは別に今の体のままですぐに印象を変える手段もあります。**それが姿勢です。**世界の中でも目立って姿勢が悪いと言われる日本人。背中が丸まり、肩が内側に入り、腰が落ち、膝が曲がる姿勢は、長く農耕民族であったＤＮＡが残っているとも言われますが、これにより、胸は貧弱でお腹はポッコリ、お尻が下がり、足も短く見せてしまうのです。たとえ、体を絞って細マッチョに仕上げても、農耕民族的姿勢では、ただただ残念な印象になってしまうでしょう。

ボディバランスを整える姿勢は、天井から引っ張られるようなイメージで、前ではなく上に伸びる意識を持ち、肩を開いて肩甲骨を寄せます。これにより、背が高く、首がすっと長く見え、胸筋もリフトアップして見えます。肩が上がると力みを感じさせて緊張感につながるので、肩甲骨をヒップのポケット方向に下げるようにします。立つときは骨盤を前傾させてお腹を伸ばし、歩くときは膝ではなく骨盤から動かすことが足を長く見せるコツです。座るときは、背もたれに背中をつけず、坐骨の上にまっすぐ背骨が来るポジションをキープすると、腰痛や肩こりも防げます。姿勢を整えるだけで、身長をすっと伸ばし、お腹を引き締め、ヒップも力強く見せ、自信と余裕を感じさせる、ポジティブで堂々とした印象を与えられます。

清潔感が溢れるツルツルすべすべの肌に、若々しい豊かな髪と引き締まったボディは、意識とメンテナンス次第で誰もが手に入れられるもの。その結果得られる成功と幸福は、想像以上に大きいはずです。

GOOD
BAD

Column

スマート美容用語辞典

本書で登場した、注目の美容用語をおさらい。
これらを押さえておけば、美容意識の高い女性たちとの
会話も盛り上がるかも?!

SPF／PA

紫外線防止効果を示す数値。SPFはサンバーン（急性の炎症）を起こすUVB（紫外線B波）の防止効果を表し、日本での最高値は50。PAはUVA（紫外線A波）の防止効果を+～++++で表し、多いほど防止効果が高くなる。日常生活ならSPF30・PA+++程度で十分。

→ P28

ターンオーバー

皮膚組織の一番上の表皮で起こる細胞の生まれ変わりのこと。健康な若い肌では約28日周期だが、加齢で遅くなる。紫外線や乾燥などのダメージを受けるとターンオーバーが乱れ、さまざまな肌トラブルに。

→ P29

ケミカルピーリング

グリコール酸、サリチル酸などの化学薬品を肌に塗布し、皮膚表面を薄く剝がす施術。新しい皮膚の再生を促し、毛穴をふさぐ古い角質や皮脂を除去することでニキビを改善し、メラニンを排出しやすくする美白作用が期待される。皮膚科や美容皮膚科での施術を推奨。

→ P31

高濃度ビタミンC点滴、ビタミンA誘導体配合の外用薬

皮膚科のニキビ治療や美白、毛穴ケアに用いられる。高濃度ビタミンC点滴は、毛穴のつまり防止、抗酸化、疲労回復、抗ストレスの作用が。ビタミンA誘導体の外用薬、トレチノイン(レチノイン酸)は角質剝離や表皮のターンオーバー促進などの効果が。

→ P31

抗酸化サプリメント（グルタチオン、αリポ酸、アスタキサンチン）

ストレスや紫外線は細胞にダメージを与える活性酸素を産生させ、老化や生活習慣病のリスクに。体内に備わる抗酸化能力は加齢や生活習慣によって低下するので、食品やサプリメントで抗酸化成分を補いたい。抗酸化成分にはアントシアニンやカテキンなどのポリフェノール、緑黄色野菜や果実に含まれるリコピン、甲殻類や赤い魚に含まれるアスタキサンチンなどがある。

→ P31

ビタミンAの内服薬

脂溶性ビタミン。過剰な皮脂分泌を抑え、角化異常の正常化、抗酸化作用もあるビタミンA誘導体を内服することで、中等以上の難治性ニキビの改善が期待できる。副作用や注意事項があり、処方には医師の診断が必要。

→ P31

Qスイッチレーザー、ピコレーザー

主にシミ(メラニン色素)に関わるトラブルを改善する医療用レーザー機器。従来のQスイッチレーザーは治療後の色素沈着のリスクが高かったが、ピコレーザーはそのリスクを大幅に軽減し、かつQスイッチレーザーが苦手であった薄いシミにも対応している。

→ P37

真皮

皮膚の表層にある表皮と皮下組織の間にある約2mmの厚さの層。70%をコラーゲンが占め、ほかにエラスチンやヒアルロン酸などの弾性線維で構成される。加齢とともに弾性線維の量と質が低下していき、シワやたるみの原因になる。

→ P40

ボトックス

ボツリヌス菌の毒素・ボツリヌストキシン。本来は目や顔面のけいれん治療薬で、筋肉の収縮を弱め緊張を緩和する作用がある。表情筋のクセによる額や目尻、眉間のシワ、食いしばりによる咬筋の緊張のほか、肩こりや脇汗、花粉症の軽減にも効果が。

→ P41

ヒアルロン酸注入

ヒアルロン酸を注入し、凹みや溝をふっくらボリュームアップするフィラー治療。ヒアルロン酸は体内にも存在する保水成分で半年〜1年で徐々に吸収される。最近は輪郭形成や自然なリフトアップに多用される。

→ P41

スレッドリフト

体内に吸収される糸を細い管を用いて皮下に挿入するリフト治療。糸についたコグ(トゲ状のようなもの)を組織にひっかけて土台から引き上げる。コグの刺激でコラーゲンやエラスチンの生成促進も。施術時間は30分程度で効果は長い。

→ P43

ウルセラ

切らないリフトアップと呼ばれる、FDA(アメリカ食品医薬品局)承認のたるみ治療マシン。高密度焦点式超音波により脂肪層の下の筋膜にも熱エネルギーを与えられ、引き締めながら、コラーゲン再生成も促す。HIFUも同様。

→ P43

CCクリーム、BBクリーム

スキンケアと肌色補正のメイク効果をひとつにしたもの。CCはカラーコントロールの略。BBはブレミッシュバームの略でもとは美容施術後の赤みを隠しながら肌を保護するアイテムだった。どちらも日焼け止めを兼ねるものが多い。

→ P47

フィナステリド、デュタステリド、ミノキシジル

フィナステリドとデュタステリドは厚労省の認可を得ている発毛効果のある医薬品で、男性ホルモンの一種であるDHTを抑制する。ミノキシジルは血管を拡張することで血行を改善し、発毛を促す。外用薬は市販薬にも配合される。内服薬は、全身の体毛が濃くなるリスクが。

→ P71

ネイルサロン

デザインだけでなく、爪の長さと形を整え、甘皮や古い角質を取り、爪表面を磨くケアもネイルサロンの仕事。ケアの料金は5000円程度。最近は男性ネイリストや男性専門のネイルサロンも増え、ネイルケアを行う理容室も。

→ P90

サプリメント

外食が多い人、自炊が少ない人が、不足する栄養素を補えるサプリメントは、1種類を大量に飲むのではなく、多くの種類を組み合わせるほうがメリットが多い。ただ用法用量を守って服用をすること。

→ P90

おわりに

本書では肌のトラブルとエイジングサインに対するスキンケア・美容治療、頭皮ケア・薄毛治療、ニオイや体型のお悩みに対するケアや治療など、男性が年齢を重ねるとともにまず悩まれるであろう問題を網羅的に書かせていただきました。ひとつひとつのトラブルが奥深く、ケアや治療も多岐にわたるので、私自身まだまだ書ききれないことが多いと感じましたが、すぐに実践でき、効果を感じていただけるようなことを中心にご紹介させていただきました。

本書を読まれて、さらに知りたいことや疑問に思うことが出てきた方もおられると思います。そういう方は是非、美容皮膚科の扉を叩いてみてください。医学的知識に基づいたプロフェッショナルたちが、適切なケアや治療とアドバイスをしてくれるはずです。本文でも書きましたが、体調不良のときに内科に行ったり、歯が痛かったら歯科に行ったりするように、美容のお悩みがあれば美容皮膚科に行くというのは自然なことです。困ったときにいつでも相談できるような美容皮膚科の主治医を見つけてほしいと思います。

もちろん、美容皮膚科に行く前に自宅でできることはたくさんあります。女性に比べてセルフケアの程度や頻度は男性のほうが低い場合が多いですが、その分、セルフケアによって得られる効果は女性よりも男性のほうが出やすいと考えています。

本書を読まれて男性の美容に少しでも興味を持たれましたら、以下のようなステップで始めてみてはいかがでしょうか。

①まずは自宅でできるセルフケアを試し、物足りないところやセルフケアが難しいと感じたところは美容皮膚科で補う

②美容治療は治療効果が非常にわかりやすい脱毛から始める

私自身も男性美容はそこからスタートしました。そして、見た目が変わり、理想の

自分に近づくことでビジネスやプライベートにもポジティブな変化が起きた、という患者さんをたくさん目にしてきました。「男性だから」という理由でためらう必要はありません。是非新しい一歩を踏み出してみてください。

2021年9月

木村真聡

参考資料

日本マーケティングリサーチ機構インターネット調査　対象者条件　全国20～69歳男　年収８００万円以上と回答した人

日本マーケティングリサーチ機構インターネット調査　対象者条件　全国20～60歳男　年収４００万円未満と回答した人

日本マーケティングリサーチ機構インターネット調査　対象者条件　全国20～60歳女

株式会社アイスタイルのホームページ「約7割が男性のメイクアップを受容、約2年で25％ＵＰ　@cosme『女性のメンズビューティ受容に関するアンケート』調査結果」

株式会社資生堂　ｕｎｏのホームページ「発見。男性の肌の方が、女性の肌より弱かった。」

株式会社資生堂のホームページ　２０２０年12月2日ニュースリリース「資生堂、男性ホルモンにより皮膚免疫が低下するメカニズムを解明」

花王株式会社　MEN’s Bioréのホームページ「男の肌・ニオイ研究所」

貝印株式会社のホームページ「貝印、カミソリのすべて。カミソリコラム　男とヒゲの歴史」

株式会社リクルートライフスタイル　ホットペッパービューティーアカデミー　２０２０年9月10日ニュースリリース「薄毛に関する意識調査２０２０」

齊藤 典充「こどもとおとなの脱毛症診療——共通点と相違点——」大山 学編『Monthly Book Derma.』No.252　２０１７年1月号　全日本病院出版会

日本皮膚科学会　毛髪科学研究会「男性型および女性型脱毛症診療ガイドライン２０１７年版」

『OCEANS』のホームページ「抜く?切る?染める? 男たちに聞いた白髪との付き合い方」
『ＣａｎＣａｍ』のホームページ「こんな人は生理的にムリ!女子の『嫌いなニオイ』ランキング」
株式会社資生堂　２０１４年7月29日ニュースリリース「7割以上が感じる他人の加齢臭　ビジネスパーソン男女２４００名対象『ニオイの実態調査』」
オムロン ヘルスケア株式会社のホームページ「体脂肪率や内臓脂肪レベルを知っていますか?」

構成・文	片岡えり
デザイン	小口翔平＋三沢稜(tobufune)
イラスト	白根ゆたんぽ
撮影	植一浩
編集協力	宮下友誠　平石有葉
DTP	美創

木村真聡

大阪大学医学部医学科卒業後、同大学附属病院・一般病院勤務を経て美容医療に転身。美容皮膚科医として10年以上のキャリアを持つ。女性専用レジーナクリニック、男性専用レジーナクリニック オム、そして美容皮膚治療専門エトワールレジーナクリニックの総院長を務める。患者さまへ感動を与える医療を提供したいという信念のもと、最新情報を収集しマシンの選定にこだわり、施術に携わるスタッフ全員の知識・技術向上に日々努めている。すべての人のキレイのため、医療脱毛やシミ・たるみ治療等の美容メニュー、自身監修のドクターズコスメ開発などを通して、お肌のあらゆる悩みを解決していけるクリニックを目指している。

医療脱毛 男性専用

レジーナ
クリニック オム

医療脱毛 女性専用

レジーナ
クリニック

美容皮膚治療専門

エトワール
レジーナクリニック

木村総院長監修、
オリジナル
ドクターズコスメ

chione

医師が教える最強のメンズ美容ハック

2021年9月10日　第1刷発行

著　者　木村真聡
発行人　見城 徹
編集人　福島広司
編集者　真鍋 文　木田明理

GENTOSHA

発行所　株式会社 幻冬舎
〒151-0051　東京都渋谷区千駄ヶ谷4-9-7
電話　03(5411)6211(編集)
03(5411)6222(営業)
振替　00120-8-767643
印刷・製本所　錦明印刷株式会社

検印廃止

ISBN978-4-344-03840-0　C0095
幻冬舎ホームページアドレス　https://www.gentosha.co.jp/

この本に関するご意見・ご感想をメールでお寄せいただく場合は、
comment@gentosha.co.jpまで。